RÉPUBLIQUE FRANÇAISE

LIBERTÉ — ÉGALITÉ — FRATERNITÉ

PRÉFECTURE DE POLICE

RAPPORT

A MESSIEURS LES MINISTRES DE L'INTÉRIEUR ET DU COMMERCE

SUR

LES MESURES PRISES

CONTRE

L'ÉPIDÉMIE CHOLÉRIQUE DE 1884

A PARIS ET DANS LE DEPARTEMENT DE LA SEINE

PARIS
IMPRIMERIE CHAIX
SOCIÉTÉ ANONYME
(Succ. B), rue de la Sainte-Chapelle, 5
1885

RÉPUBLIQUE FRANÇAISE

LIBERTÉ — ÉGALITÉ — FRATERNITÉ

PRÉFECTURE DE POLICE

RAPPORT

A MESSIEURS LES MINISTRES DE L'INTÉRIEUR ET DU COMMERCE

SUR

LES MESURES PRISES

CONTRE

L'ÉPIDÉMIE CHOLÉRIQUE DE 1884

A PARIS ET DANS LE DÉPARTEMENT DE LA SEINE

PARIS
IMPRIMERIE CHAIX
SOCIÉTÉ ANONYME
(Succ. B), rue de la Sainte-Chapelle, 5
1885

PRÉFECTURE DE POLICE

A Monsieur le Ministre de l'Intérieur,
Et à Monsieur le Ministre du Commerce.

Monsieur le Ministre,

J'ai l'honneur de vous adresser le compte rendu des actes de la Préfecture de Police pendant la dernière épidémie cholérique.

Je crois nécessaire de les réunir dans un rapport d'ensemble, parce qu'ils constituent une innovation dans le service des épidémies à Paris. Le Conseil d'hygiène du département de la Seine avait arrêté un ensemble de mesures prophylactiques; il appartenait à mon administration de les appliquer dans la mesure du possible. Le but principal était d'arriver rapidement à l'isolement du malade et à la désinfection de son logement et des objets qui l'entouraient. A cet effet, tous les services de police restaient en éveil jour et nuit; dès qu'un cas était signalé, un médecin spécial délégué à l'avance dans chaque quartier constatait la maladie. Le malade, quand il y consentait, et c'est le plus grand nombre des cas, était transporté à l'hôpital et son logement immédiatement désinfecté. Toutes les mesures prises se rapportent à ce plan sommaire : le détail en sera fourni dans la suite de ce rapport.

Mais ce que je dois dire ici, c'est l'empressement et le dévouement que l'Administration a rencontrés soit dans son personnel, soit dans la population tout entière. Les mesures nouvelles, et qui pourraient au premier abord paraître vexatoires, comme l'évacuation temporaire de logements contaminés, l'installation de familles entières dans des locaux choisis à cet effet, l'interdiction de certains appartements suspects, ont été subies par tous avec une abnégation complète. L'Administration a été puissamment aidée par l'opinion publique.

Le Conseil municipal avait délégué à une grande Commission, dite Commission sanitaire, le soin de rechercher dans toutes les branches de l'hygiène les mesures les plus utiles et de préparer le vote des crédits urgents nécessités par les besoins nouveaux de la santé publique. J'ai trouvé près de cette Commission et du Conseil municipal le concours le plus complet, de même que j'ai bien souvent profité de leurs indications.

Les municipalités, secondées par les Commissions d'hygiène d'arrondissement, ont aussi organisé des services particuliers de transport et de désinfection qui ont puissamment aidé l'Administration centrale, en même temps qu'elles s'occupaient de la distribution des secours aux malades indigents.

Je n'ai pas à parler des hôpitaux, puisqu'ils ne sont pas dans mes attributions; mais il me sera permis de joindre mon témoignage de gratitude à tous ceux qu'a provoqués déjà le dévouement de l'Assistance publique et du corps médical dans nos établissements hospitaliers.

Quant aux médecins délégués par mon administration, leur concours permanent et énergique ne nous a jamais fait défaut.

Enfin, Monsieur le Ministre, je crois devoir vous signaler de nouveau et comme je l'ai déjà fait, en vous soumettant des propositions de récompenses, l'attitude du personnel de la Préfecture de Police. Les chefs de service, commissaires de police et officiers de paix, ont fait plus que leur devoir comme en toute circonstance critique. Mais ce qu'il faut signaler surtout, c'est l'entrain et l'extraordinaire bonne volonté des agents subalternes dont le dévouement modeste et discret a été au-dessus de tout éloge.

Des témoignages autorisés permettent de penser que tous ces efforts n'ont pas été sans influence sur la rapide disparition de l'épidémie. Cette appréciation est une récompense précieuse pour tous : elle honorera notre personnel, en même temps qu'elle fera ressortir une fois de plus les services éminents rendus à la population par le Conseil d'hygiène et de salubrité du département de la Seine.

Agréez, Monsieur le Ministre, l'hommage de mon respect.

Le Préfet de Police,
E. CAMESCASSE.

Paris, Janvier 1885.

LISTE

DES MEMBRES DU CONSEIL D'HYGIÈNE ET DE SALUBRITÉ DE LA SEINE

Au 1er Janvier 1885.

MM. E. CAMESCASSE, Préfet de Police, *Président.*
le Dr Léon COLIN, membre de l'Académie de Médecine, *Vice-Président.*
CH. PATIN, chef de bureau à la Préfecture de Police, *Secrétaire.*
ALEXANDRE, chef du service vétérinaire sanitaire du département de la Seine.
ALPHAND, inspecteur général des Ponts-et-Chaussées, directeur des travaux de Paris.
Dr BÉCLARD, doyen de la Faculté de Médecine, secrétaire perpétuel de l'Acad. de Médec.
BEZANÇON, chef de division à la Préfecture de Police.
D BOUCHARDAT, professeur à la Faculté, membre de l'Académie de Médecine.
Dr BOURGOIN, membre de l'Académie de Médecine.
BOUSSINGAULT, membre de l'Institut.
Dr P. BROUARDEL, membre de l'Académie de Médecine.
CHATIN, directeur de l'École supérieure de Pharmacie, membre de l'Institut et de l'Académie de Médecine.
DESAIN, architecte en chef de la Préfecture de Police.
Dr DUJARDIN-BEAUMETZ, membre de l'Académie de Médecine.
LÉON FAUCHER, ingénieur en chef des Poudres et Salpêtres.
Dr FRÈRE, membre du Conseil général.
Dr ARM. GAUTIER, membre de l'Académie de Médecine.
ARM. GOUBAUX, membre de l'Acad. de Médec., directeur de l'École vétérinaire d'Alfort.
GRAGNON, secrétaire général de la Préfecture de Police.
Dr ERNEST HARDY, chef des travaux chimiques de l'Académie de Médecine.
JULIEN, ingénieur en chef des Mines.
JUNGFLEISCH, membre de l'Académie de médecine.
Dr LAGNEAU, membre de l'Académie de Médecine.
Dr LANCEREAUX, membre de l'Académie de Médecine.
Baron LARREY, membre de l'Institut et de l'Académie de Médecine.
LAX, ingénieur en chef des Ponts-et-Chaussées.
Dr LEGOUEST, président du Conseil de santé des armées, membre de l'Acad. de Médec.
Dr LEVRAUD, membre du Conseil général.
DE LUYNES, professeur au Conservatoire des Arts-et-Métiers.
Dr OLLIVIER, agrégé à la Faculté, médecin des hôpitaux.
PASTEUR, membre de l'Académie française et de l'Académie des sciences.
PELIGOT, membre de l'Institut.
ALFRED RICHE, membre de l'Académie de Médecine.
Dr SCHUTZENBERGER, membre de l'Acad. de Médec., professeur au Collège de France.
DU SOUICH, inspecteur général des Mines.
Dr TRÉLAT, membre de l'Académie de Médecine.
TROOST, membre de l'Institut.
Dr VOISIN, médecin de la Salpêtrière.

Le Rapport qui suit a été préparé par M. BEZANÇON, Chef de la 2e Division à la Préfecture de Police.

Il comprend quatre parties :

1° *Instructions du Conseil d'hygiène sur les mesures à prendre pour empêcher le développement de l'épidémie cholérique.*

2° *Mesures prises contre la propagation du mal.*

3° *Historique sommaire du choléra ; relevé des décès.*

4° *Mesures générales de salubrité prises à l'occasion de l'épidémie cholérique.*

I

INSTRUCTIONS SUR LES MESURES A PRENDRE POUR COMBATTRE L'ÉPIDÉMIE CHOLÉRIQUE

En 1883, dès que l'épidémie cholérique sévissant alors en Égypte put faire craindre son apparition en France, le Conseil d'hygiène et de salubrité de la Seine fut chargé par le Préfet de Police d'étudier et de déterminer les mesures à prendre pour enrayer la propagation du mal.

Les instructions qui suivent ont été arrêtées dans ces conditions; elles forment en quelque sorte le programme des dispositions ordonnées par l'Administration, et à ce titre elles devaient figurer en tête du compte rendu de l'épidémie.

INSTRUCTIONS SUR LES PRÉCAUTIONS A PRENDRE CONCERNANT LE CHOLÉRA

Mesures préventives.

Les soins hygiéniques sont indispensables en temps d'épidémie. Il faut :

Se vêtir chaudement et se garantir des refroidissements ;

Porter sur la peau une ceinture de flanelle ;

Et prendre de grands soins de propreté.

L'abus du vin et des liqueurs alcooliques, l'usage exagéré de l'eau glacée, des fruits verts et des crudités, ainsi que les excès de tous genres, doivent être évités.

Il est essentiel de ne se servir que d'eau limpide, bien filtrée, et de préférence bouillie, puis aérée après refroidissement. Les eaux minérales naturelles de table sont également d'un bon usage.

Premiers soins à donner au malade.

Le choléra est ordinairement précédé de symptômes qu'il suffit souvent de dissiper pour arrêter le développement de la maladie. Le plus important de ces symptômes est la *diarrhée.*

Dès que la diarrhée apparaît, on doit *appeler un médecin,* et, en attendant le médecin :

Mettre le malade au lit ;

Suspendre toute alimentation ;

Donner au malade une infusion chaude de thé additionnée de rhum ou d'eau-de-vie ;

Et lui administrer un quart de lavement d'amidon avec dix gouttes de laudanum de Sydenham pour un adulte.

Isolement du malade.

Le malade doit être, autant que possible, soigné dans une chambre séparée.

Les personnes appelées à lui donner des soins doivent seules pénétrer dans sa chambre.

Si l'appartement ne permet pas d'assurer un isolement suffisant, il est préférable de transporter le malade à l'hôpital ou dans une maison de santé.

Si le malade reste chez lui, son lit sera placé au milieu de la chambre, afin que l'air circule largement. Les tentures, tapis et grands rideaux doivent être enlevés.

Désinfection.

Il est de la plus haute importance que *toutes les déjections du malade, matières fécales et matières vomies, soient immédiatement désinfectées.*

Cette désinfection sera obtenue par l'addition, à volume au moins égal, d'une solution contenant, par litre d'eau, 50 grammes :

Soit de chlorure de zinc sirupeux du commerce (1),

Soit de sulfate de cuivre,

Soit de sulfate de zinc.

On versera à l'avance dans les vases un verre environ de l'une de ces solutions.

Elles serviront également pour laver les cabinets d'aisances et tous autres endroits où ces matières auraient été jetées ou répandues.

Dans la chambre même du malade, les vêtements, linges, draps et couvertures ayant servi au cholérique seront trempés immédiatement dans la solution désinfectante.

Lors du blanchissage, ces mêmes vêtements, linges, etc., seront plongés dans l'eau maintenue bouillante ; ils seront ensuite lavés longuement dans de l'eau additionnée d'eau de Javelle.

Dès que la chambre aura été évacuée (2), on allumera du feu dans la cheminée et on y brûlera tous les papiers, vieux linges, mauvais vêtements et autres objets de peu de valeur ayant pu être souillés par les déjections. Puis, on fermera cheminée, fenêtres et autres ouvertures. Au milieu de la chambre encore pourvue des meubles, des matelas et de la literie, on déposera sur un lit de sable une terrine contenant quelques charbons allumés, sur lesquels on mettra une quantité de soufre concassé proportionnelle à la capacité de la pièce (20 grammes par mètre cube). La porte sera alors fermée.

La chambre restera ainsi hermétiquement close vingt-quatre heures, puis elle sera largement aérée par l'ouverture des fenêtres, et elle ne pourra être habitée de nouveau que huit jours au moins après sa désinfection.

Approuvé par le Conseil d'hygiène publique et de salubrité, le 27 juillet 1883.

(1) On trouve, à bon marché, dans le commerce, sous forme d'un liquide sirupeux, du chlorure de zinc marquant 45° environ au pèse-sels.

(2) Pour les cas de décès, une instruction spéciale indique les mesures à prendre.

INSTRUCTION SUR LES MESURES DE PRÉCAUTION A PRENDRE PAR LES PERSONNES AYANT ÉTÉ EN CONTACT AVEC LES CHOLÉRIQUES

Les personnes qui donnent des soins continus aux cholériques ou qui habitent avec eux, se soumettront aux règles suivantes :

Elles ne prendront aucun repas, ni aucune boisson dans la chambre occupée par le malade.

Elles devront, avant chaque repas, se rincer avec soin la bouche et se laver les mains et les avant-bras avec une solution de borax à 2 0/0.

Elles devront, chaque jour, se laver le visage, la tête et les mains, et tout le corps, si cela est possible, avec de l'eau renfermant, par litre, 10 grammes de borax, ou 1 gramme d'alcoolé de thymol (acide thymique).

Lorsque les déjections (matières fécales ou matières vomies) auront souillé des parties de vêtement, on lavera largement ces parties avec une solution composée de 20 grammes de sulfate de cuivre par litre d'eau, et, à défaut de solution désinfectante, avec de l'eau bouillante. On devra procéder ensuite à la désinfection totale des vêtements. Cette désinfection s'obtiendra aisément en plaçant les dits vêtements dans un local clos (armoires, cabinet d'aisances, etc.), où l'on brûlera 15 à 20 grammes de soufre concassé par mètre cube. Ces vêtements resteront dans cette pièce pendant vingt-quatre heures.

Approuvé par le Conseil d'hygiène publique et de salubrité, le 3 août 1883.

EXTRAIT D'UN RAPPORT APPROUVÉ PAR LE CONSEIL D'HYGIÈNE ET DE SALUBRITÉ DANS LA SÉANCE DU 10 AOUT 1883

Déclaration et constatation du décès.

Lorsqu'un malade sera présumé mort du choléra, la déclaration devra être faite et reçue à la mairie sans aucun retard.

La visite du médecin de l'état civil devra suivre cette déclaration dans le plus bref délai.

L'Administration prendra les mesures nécessaires pour que la constatation du décès et l'inhumation aient lieu aussitôt que possible.

Le médecin-vérificateur sera autorisé à donner de suite le permis de mettre le corps en bière.

Ce médecin aura, à ce sujet, le droit d'adresser directement des réquisitions à l'Administration des Pompes funèbres pendant les heures de fermeture des bureaux de la mairie.

Il transmettra en même temps à la mairie les certificats de visite sur lesquels sera fait mention qu'il a ordonné la mise en bière d'urgence. Aussitôt cet avis reçu, le permis d'inhumer sera délivré.

Mise en bière.

Le linceul dans lequel le corps devra être enveloppé sera, au préalable, trempé dans une solution de sulfate de zinc contenant 50 grammes de ce sel par litre d'eau. Cette préparation pourrait être fournie par l'Administration des Pompes funèbres, avertie par la mairie ou par le médecin-vérificateur lui-même.

La bière, qui devra être étanche, contiendra un lit, ayant une épaisseur de 5 à 6 centimètres, fait avec de la poudre de sulfate de zinc et de la sciure de bois à parties égales.

Ces instructions ont été, avant même le début de l'épidémie, envoyées aux municipalités, aux membres des Commissions d'hygiène, aux commissaires de police, à tous ceux, en un mot, qui pouvaient être appelés à concourir à leur application.

II

MESURES PRISES CONTRE LA PROPAGATION DE L'ÉPIDÉMIE CHOLÉRIQUE

Le compte rendu ci-après de l'application de ces *Instrutions* est divisé en six paragraphes, savoir :

1° Mesures prises pour que la Préfecture de Police soit avisée en temps utile des cas de choléra;
2° Service médical; — médecins délégués;
3° Distribution gratuite de désinfectants;
4° Organisation et fonctionnement du service de transport des malades dans les hôpitaux;
5° Service de la désinfection à domicile;
6° Mises en bière, inhumations et transports de corps.

MESURES PRISES POUR QUE LA PRÉFECTURE DE POLICE SOIT AVISÉE EN TEMPS UTILE DES CAS DE CHOLÉRA

L'action de l'autorité en matière d'épidémie ne doit souffrir aucun retard. On sait que le cholérique a d'autant plus de chance de guérison que les premiers soins lui sont donnés dès le début de la maladie. De même les mesures prophylactiques seraient souvent inefficaces si elles n'étaient prises à très bref délai.

Ces mesures, dont la partie essentielle est l'isolement du malade et la désinfection du local et des objets contaminés, ne peuvent évidemment être exécutées dès la constatation du mal qu'à la condition que l'autorité soit immédiatement prévenue.

Un certain nombre de circulaires à MM. les Maires et les Commissaires de police indiquent quelle importance le Préfet de Police attachait à la rapidité des communications qui lui étaient faites à ce sujet.

En 1882, lors de la mise en service des premières voitures pour le transport dans les hôpitaux des malades atteints d'affections contagieuses, les commissaires de police ont reçu l'ordre d'avertir le Préfet *par télégraphe*, afin de hâter autant qu'il était possible le départ de la voiture.

Le 4 juillet 1884, les maires et les commissaires de police recevaient des instructions relatives aux mesures à prendre dans le cas où une épidémie cholérique viendrait à se produire. Cette circulaire se terminait ainsi :

« Enfin il serait bon que vous prissiez les mesures nécessaires pour être avisés sans délai de tout cas qui viendrait à se produire dans votre commune; vous voudriez bien, d'autre part, m'en informer par les voies les plus rapides. »

La circulaire suivante, datée du 17 juillet 1884, a eu pour but de hâter encore l'exécution des dispositions prescrites :

Messieurs,

Il importe d'activer encore le service d'avertissement et des précautions à prendre en cas d'épidémie.

Vous connaissez l'organisation des médecins délégués qui fonctionne déjà dans tous les cas où une maladie à apparence cholérique est déclarée.

Désormais, dès qu'un cas de cette nature parviendra à votre connaissance, soit par les agents de la Police municipale, soit par le médecin traitant, soit par la rumeur publique, vous aurez à prévenir immédiatement, et toutes affaires cessantes, le médecin délégué de votre quartier ou celui des quartiers voisins dont le domicile sera le plus rapproché du malade signalé.

En même temps, vous me transmettrez le nom et l'adresse du malade et le nom du médecin délégué.

Celui-ci, après sa visite, vous remettra son rapport sommaire qui me sera adressé le plus tôt possible et par la voie la plus rapide.

Lorsqu'il y aura lieu de transporter le malade à l'hôpital, vous ferez opérer ce transport par l'une des voitures spéciales, dans la forme usitée pour le transport dans les hôpitaux des malades atteints d'affections contagieuses.

Je vous prie de m'accuser réception de la présente circulaire, et de vous conformer scrupuleusement aux prescriptions qu'elle renferme.

Recevez, Messieurs, l'assurance de ma parfaite considération.

Le Préfet de Police,

E. CAMESCASSE.

Cette circulaire s'adressait à la fois aux commissaires de police et aux officiers de paix des arrondissements, le premier avisé devant prendre de lui-même toutes les mesures prescrites.

D'autre part, l'Inspection des garnis veillait plus que jamais à l'exécution des dispositions de l'article 24 de l'ordonnance de police du 25 octobre 1883, ainsi conçu :

« Toutes les fois qu'un cas de maladie épidémique ou contagieuse se sera manifesté dans un garni, la personne qui tiendra ce garni devra en faire immédiatement la déclaration au commissaire de police de son quartier ou de sa circonscription, lequel nous transmettra cette déclaration. »

Le 6 novembre, c'est-à-dire dès la constatation de l'épidémie cholérique à Paris, une dépêche télégraphique était envoyée aux commissaires de police dans les termes ci-après :

« Veuillez redoubler d'attention au point de vue des maladies épidémiques qui pourraient se manifester dans votre quartier. Exécutez à la lettre toutes les instructions que vous avez reçues à ce sujet. Vous m'aviserez même de nuit des cas signalés. Le transport peut être effectué à toute heure : il suffit d'aviser la Préfecture.

» E. CAMESCASSE. »

Grâce à ces instructions, le service d'avertissement fut fait d'une façon très satisfaisante.

Voici le tableau, par quartier, des 1,980 cas de choléra constatés à Paris et signalés à la Préfecture de Police du 4 au 30 novembre :

ARRONDISSEMENTS	QUARTIERS	NOMBRE DE CAS	ARRONDISSEMENTS	QUARTIERS	NOMBRE DE CAS
1er	Saint-Germain-l'Auxerrois	3	11e	Folie-Méricourt	32
	Halles	19		Saint-Ambroise	65
	Palais-Royal	4		Roquette	134
	Place-Vendôme	3		Sainte-Marguerite	108
2e	Gaillon	1	12e	Bel-Air	2
	Vivienne	2		Picpus	28
	Mail	12		Bercy	14
	Bonne-Nouvelle	36		Quinze-Vingts	168
3e	Arts-et-Métiers	29	13e	Salpêtrière	19
	Enfants-Rouges	26		Gare	18
	Archives	13		Maison-Blanche	15
	Sainte-Avoie	32		Croulebarbe	10
4e	Saint-Merri	40	14e	Montparnasse	8
	Saint-Gervais	72		Santé	14
	Arsenal	19		Petit-Montrouge	1
	Notre-Dame	16		Plaisance	7
5e	Saint-Victor	34	15e	Saint-Lambert	4
	Jardin-des-Plantes	29		Javel	23
	Val-de-Grâce	37		Necker	36
	Sorbonne	49		Grenelle	19
6e	Monnaie	23	16e	Auteuil	»
	Odéon	7		Muette	4
	Notre-Dame-des-Champs	22		Porte-Dauphine	3
	Saint-Germain-des-Prés	21		Bassins	7
7e	Saint-Thomas-d'Aquin	13	17e	Ternes	5
	Invalides	4		Plaine-Monceaux	5
	École-Militaire	86		Batignolles	11
	Gros-Caillou	48		Épinettes	12
8e	Champs-Élysées	2	18e	Grandes-Carrières	13
	Faubourg-du-Roule	7		Clignancourt	8
	Madeleine	5		Goutte-d'Or	8
	Europe	13		La Chapelle	13
9e	Saint-Georges	9	19e	La Villette	100
	Chaussée-d'Antin	3		Pont-de-Flandre	33
	Faubourg-Montmartre	9		Amérique	26
	Rochechouart	1		Combat	58
10e	Saint-Vincent-de-Paul	28	20e	Belleville	17
	Porte-Saint-Denis	13		Saint-Fargeau	5
	Porte-Saint-Martin	47		Père-Lachaise	27
	Hôpital-Saint-Louis	32		Charonne	23

Dans la banlieue, la Préfecture de Police n'était pas moins bien renseignée sur la situation sanitaire.

Voici le tableau, par commune, des cas de choléra qui lui ont été signalés :

Cas de choléra signalés dans la banlieue du 4 au 30 novembre 1884 :

Clichy	9
Rosny	1
Boulogne	13
Aubervilliers	3
Pantin	5
Neuilly	3
Ivry	2
Le Bourget	1
Saint-Denis	4
Puteaux	3
Prés-Saint-Gervais	2
Malakoff	4
Vitry	4
Montreuil	1
Saint-Ouen	14
Montrouge	2
Bobigny	2
Saint-Mandé	1
Bagnolet	2
Bondy	1
Courbevoie	2
Levallois-Perret	2
Issy	1
Charenton	1
Asnières	1
	84

SERVICE MÉDICAL

MÉDECINS DÉLÉGUÉS

La base du système prophylactique adopté par la Préfecture de Police est l'institution des médecins délégués.

Un ou deux médecins furent délégués par la Préfecture de Police pour chacun des quartiers de Paris et pour chacune des communes de la banlieue.

Les médecins délégués ont été désignés dès le mois de juillet 1884, et rien n'empêche que cette désignation acceptée par eux ne prenne un caractère permanent.

Le médecin délégué a pour mission de constater la réalité et la gravité de la maladie qui lui est signalée, en usant de tous les ménagements que la situation comporte, puis de veiller à l'exécution des mesures de désinfection.

Il n'a pas, bien entendu, à s'occuper du traitement des malades, sauf dans le cas ou ceux-ci seraient sans secours.

Il doit remplir un bulletin de visite dont nous donnons ci-après la formule, et aviser le Préfet, s'il y a lieu, de l'urgence de transporter le cholérique à l'hôpital.

SERVICE DES ÉPIDÉMIES

Choléra.

PRÉFECTURE DE POLICE

CONSEIL D'HYGIÈNE PUBLIQUE ET DE SALUBRITÉ

DU DÉPARTEMENT DE LA SEINE

BULLETIN DE VISITE

à renvoyer à M. le Préfet de Police.

Domicile.	
Nom de la personne atteinte.	
Sexe et âge.	
Profession.	
Y a-t-il eu diarrhée ou d'autres symptômes précurseurs, et depuis quand ?	
Genre de vie habituel.	
État de santé des personnes qui habitent le même logement.	
État de santé des autres habitants de la maison.	
Le logement est-il ou non salubre ? Est-ce un garni ?	

OBSERVATIONS GÉNÉRALES

DISTRIBUTION GRATUITE DE DÉSINFECTANTS

En temps ordinaire, il est déposé dans les commissariats de police et dans les postes de police un certain nombre de flacons de chlorure de zinc destinés à être mis gratuitement à la disposition du public, sur la production d'un certificat médical constatant qu'il s'est produit dans telle ou telle maison un cas de maladie épidémique ou contagieuse. Les instructions approuvées par le Conseil d'hygiène le 19 octobre 1882 sur les précautions à prendre concernant la fièvre typhoïde, si commune à Paris, portent en effet que :

« Toutes les déjections du malade, avant d'être portées de la chambre aux latrines, doivent être désinfectées au fur et à mesure par une solution de chlorure de zinc (50 grammes par litre d'eau).

» Cette solution sera également employée à laver largement les latrines chaque fois que des déjections y seront jetées. »

Dès le moment où l'on a pu craindre l'arrivée à Paris du choléra, ces approvisionnements furent augmentés dans une large proportion, et des avis insérés dans les journaux rappelèrent au public qu'il pourrait au besoin se procurer ainsi les désinfectants nécessaires.

Pour faciliter l'emploi du chlorure de zinc, chaque flacon fut revêtu d'une étiquette ainsi conçue :

USAGE EXTERNE

500 Grammes

de SOLUTION de

CHLORURE DE ZINC

(D = 1.45)

Pour faire *dix litres* de

LIQUIDE DÉSINFECTANT

PRÉPARATION

du liquide désinfectant.

Versez le contenu du flacon avec *dix litres d'eau* dans un vase de bois, de verre, de porcelaine ou de faïence, en évitant l'emploi du fer, du zinc et de l'étain. Mêlez exactement en agitant.

EMPLOI

du liquide désinfectant.

Ajoutez à toutes les déjections du malade, matières fécales et matières vomies, un volume au moins égal de liquide désinfectant. Placez à l'avance un verre environ de solution dans les vases destinés à recevoir les déjections. Lavez avec le liquide désinfectant les cabinets d'aisances et tous autres endroits où les déjections ont été jetées ou répandues.

Avant de sortir de la chambre les vêtements, linges, draps et couvertures dont le malade a fait usage, trempez-les dans le liquide désinfectant, où vous les laisserez séjourner quelque temps.

D'autre part, il était nécessaire, dans un certain nombre d'immeubles, notamment dans les prisons, d'assurer la désinfection journalière des éviers, fosses et cabinets d'aisances. Le chef du laboratoire municipal rédigea la note ci-après qu'il remit dans les commissariats et postes de police et dans les prisons, en même temps que du sulfate de cuivre, du sulfate de fer, du chlorure de zinc, du chlorure de sodium et du sulfate de nitrosyle.

1° Dans les cabinets munis de fosses fixes, on lavera pour la première fois les cuvettes et tuyaux de chute en y jetant par chaque mètre cube de matière que renferme la fosse, cinq kilogrammes de sulfate de fer dissous dans dix litres d'eau tiède. Après quoi on dissoudra un kilogramme de sulfate de cuivre et un kilogramme de sel marin (chlorure de sodium) dans un vase en terre ou en bois contenant dix litres d'eau, et deux fois par jour on mélangera un demi-litre de cette solution et deux litres d'eau, qui serviront à laver les cuvettes et cabinets. On arrivera au même résultat en mélangeant un flacon de 500 grammes de solution de chlorure de zinc à 45°, avec dix litres d'eau, et on lavera les cabinets deux fois par jour avec deux litres de ce liquide.

2° Dans le cas de fosses mobiles ou tonneaux en bois, chaque fois qu'on mettra un de ces tonneaux en service, et pour celui qui sera en train lors de la réception de cette instruction, on versera dans les cabinets un flacon de 500 grammes de chlorure de zinc liquide ; puis on lavera deux fois par jour les cuvettes et les cabinets, et on y jettera chaque fois un décilitre de la solution de chlorure de zinc à 45°, ou un décilitre (un demi-verre) de la solution de sulfate de cuivre ci-dessus indiquée (ceci seulement avec des fosses mobiles ou tonneaux en bois).

3° Pour les récipients diviseurs en métal, ou les appareils de projection directe et totale à l'égout, on lavera deux fois par jour les cabinets avec dix litres d'eau, dans lesquels on versera un demi-décilitre (un quart de verre) de la solution de chlorure de zinc à 45°.

4° Tous les éviers, quels qu'ils soient, seront lavés chaque jour avec un quart de verre ou demi-décilitre de chlorure de zinc à 45°, mélangé dans un ou deux litres d'eau, et on aura soin de tenir fermées les soupapes qui empêchent l'air de l'égout de remonter dans les pièces ou cuisines.

Emploi du sulfate de nitrosyle.

5° Après un décès par une maladie contagieuse ou épidémique quelconque, on fermera toutes les ouvertures de la chambre mortuaire, surtout la cheminée, on disposera au milieu une terrine renfermant une centaine de grammes de sulfate de nitrosyle, soit environ 5 grammes par mètre cube de capacité, on versera la valeur d'un verre d'eau dessus et on se retirera rapidement en fermant la porte. Au bout de douze ou vingt-quatre heures, si c'est possible, on ventilera la pièce avant d'en reprendre possession.

6° Dans les cabinets, lieux quelconques infects et chambres de malades, on entretiendra des vases de désinfection lente au sulfate de nitrosyle.

ORGANISATION ET FONCTIONNEMENT DU SERVICE DE TRANSPORT DES MALADES DANS LES HOPITAUX

La Préfecture de Police possède depuis quelque temps déjà cinq voitures spéciales destinées au transport dans les hôpitaux des malades atteints d'affections contagieuses. Ces voitures peuvent à volonté recevoir quatre malades assis ou un malade couché sur un brancard. Elles sont chauffées au moyen de charbon de Paris, mais avec dégagement extérieur des gaz de la combustion.

Deux seulement de ces voitures sont en service en temps normal ; elles sont remisées à l'Hôtel-Dieu.

En vue de l'éventualité d'une épidémie, par délibération du 16 juillet 1884, le Conseil municipal avait mis à la disposition du Préfet, une somme de 50,000 francs pour assurer l'exécution de mesures d'hygiène.

Le Préfet acheta aussitôt dix voitures destinées à n'être employées que pour les cholériques. Ces voitures — des fiacres ordinaires — ont été appropriées en quelques jours d'après les indications d'une commission prise dans le sein du Conseil d'hygiène, et, le 26 juillet, toutes étaient prêtes.

Voici en quoi consiste l'aménagement de ces voitures. Les étoffes, cuirs et sangles pouvant être salis par le malade ont été enlevés et l'intérieur tout entier a été peint à l'huile. Une barre de bois mobile a été placée devant le siège occupé par le malade, pour lui permettre de s'appuyer. Un petit banc incliné a été installé sous les pieds du malade. Les glaces de la voiture ont été dépolies et disposées de telle sorte qu'elles ne puissent se baisser qu'environ du quart de leur hauteur.

En même temps, l'Administration louait rue Dombasle, 51, un vaste local où on aménageait des remises et des écuries ainsi que des chambres pour les cochers et palefreniers. On transportait dans ce dépôt les désinfectants nécessaires, et un traité était passé avec un loueur de chevaux pour assurer la traction immédiate des voitures en cas de besoin.

De plus, un fil téléphonique spécial était établi entre la Préfecture de Police et l'immeuble de la rue Dombasle.

Le 6 novembre, quand il fut certain que le choléra prenait à Paris la forme épidémique, le service de nuit fut organisé pour une des voitures remisées rue Dombasle, en même temps que pour les deux voitures de l'Hôtel-Dieu.

Le nombre des voitures mises en service s'augmenta ensuite progressivement. Le 11 novembre, quinze autres voitures aménagées comme les premières, et trois voitures à brancards, soit en tout trente voitures, étaient attelées de jour et de nuit.

Dix autres voitures aménagées sommairement étaient, en outre, prêtes à marcher au cas où l'épidémie se serait aggravée. Elles furent heureusement inutiles.

Le service de transports était d'ailleurs facilité par la création de deux nouveaux dépôts situés : l'un place Voltaire, n° 5 (XIe arrondissement) et l'autre rue Bouchardon, 7 (X^e arrondissement). Le local de la place Voltaire, qui nous était gracieusement offert par M. Cailar, présentait ce double avantage qu'il se trouvait à proximité des quartiers *Saint-Ambroise*, *Sainte-Marguerite* et des *Quinze-Vingts*, particulièrement éprouvés, et à deux pas du poste central de police du XIe arrondissement, en communication télégraphique avec la Préfecture de Police. Le dépôt de la rue Bouchardon se trouvait également à proximité d'un poste central de police, celui du Xe arrondissement.

Le 11 novembre, il y avait : à l'Hôtel-Dieu cinq voitures, rue Bouchardon cinq voitures, rue Dombasle neuf voitures, et place Voltaire dix voitures; une voiture était en outre placée à la mairie du XVIe arrondissement, sur la demande de M. le docteur Marmottan, maire.

Un agent de la Préfecture de Police, installé à demeure dans chaque dépôt, assurait l'exactitude des départs, la désinfection complète des voitures après chaque transport ; en un mot, le bon fonctionnement du service.

La rigueur de la température exigea, le 15 novembre, une nouvelle mesure : le chauffage des voitures et la fourniture de couvertures pour envelopper les malades.

Dans chaque dépôt de voitures, une chaudière fut placée, et, au moment du départ, chaque voiture reçut trois bouillottes, mises, l'une sous les pieds, les deux autres de chaque côté du malade.

Des couvertures, au nombre de quatre cents, furent achetées et réparties dans les dépôts. L'Administration de l'Assistance publique assurait la désinfection de ces couvertures, qui étaient ramassées le lendemain par une voiture spéciale, chargée de les rendre à leurs dépôts respectifs.

L'*ordre de service* ci-après, affiché dans les dépôts, contient le résumé des obligations imposées aux cochers et l'indication des hôpitaux vers lesquels étaient dirigés les malades.

PRÉFECTURE DE POLICE

Paris, le 15 novembre 1884.

Ordre de service concernant le transport des malades dans les hôpitaux.

Aussitôt qu'un ordre de départ est donné, le cocher doit placer dans sa voiture les bouillottes et la couverture nécessaires.

Le cocher se rendra immédiatement à la maison du malade par la voie la plus directe.

L'inspecteur du dépôt devra indiquer d'une façon précise l'heure du départ sur *la carte de service.*

Arrivé au domicile du malade, les glaces seront relevées. Le malade sera installé dans la voiture et le cocher veillera à ce qu'il soit bien enveloppé dans la couverture, à ce que les bouillottes soient convenablement placées, et à ce que la barre d'appui soit mise devant le malade.

Le malade sera conduit sans arrêt jusqu'à l'hôpital désigné, savoir (1):

1er arrondissement		Hôtel-Dieu.
2e —		
3e —		Saint-Louis.
4e —		Hôtel-Dieu.
5e —		Cochin.
6e —		Charité.
7e —		
8e —		Beaujon.
9e	Quartier Saint-Georges	
	— de la Chaussée-d'Antin	
	— du Faubourg-Montmartre	Lariboisière.
	— Rochechouart	
10e	— Saint-Vincent-de-Paul	
	— de la Porte-Saint-Martin	Saint-Louis.
	— de la Porte-Saint-Denis	
	— de l'Hôpital-Saint-Louis	
11e arrondissement		Saint-Antoine.
12e —		
13e	Quartier de la Salpêtrière	Cochin.
	— de la Gare	Mariniers (rue Didot).
14e arrondissement		
15e —		
16e —		Beaujon.
17e	Quartiers des Epinettes et des Batignolles	Bichat.
	— des Ternes et de la Plaine-Monceaux	Beaujon.
18e arrondissement		Lariboisière.
19e —		Bichat.
20e	Quartiers de Belleville et de Saint-Fargeau	
	— de Charonne et du Père-Lachaise	Tenon.

(1) Ces désignations seront, toutefois, modifiées, suivant les besoins du service.

Un employé de l'hôpital mentionnera sur la carte de service l'heure exacte de l'arrivée du malade.

Le malade sera laissé avec sa couverture dont la désinfection sera assurée par les soins de l'administration de l'Assistance publique.

Le cocher rentrera aussitôt au dépôt et il remettra à l'inspecteur sa carte où sera indiquée l'heure de rentrée.

Le cocher qui serait trouvé en état d'ivresse, ou qui aurait mal fait son service, serait passible d'une retenue de salaire et au besoin il serait congédié immédiatement. »

Le nombre des transports ainsi effectué s'est élevé à plus de huit cent cinquante.

Les voitures du dépôt de la place Voltaire ont, à elles seules, effectué trois cent vingt et un transports, ainsi qu'il résulte du tableau ci-après :

ARRONDISSEMENTS dans lesquels demeuraient LES MALADES	HOPITAUX OU LES MALADES ONT ÉTÉ TRANSPORTÉS											TOTAUX	OBSERVATIONS
	HOPITAUX CIVILS								HOPITAUX MILITAIRES				
	Saint-Antoine	Tenon	Saint-Louis	Lariboisière	Bichat	Cochin	Trousseau	Hôtel-Dieu	Saint-Martin	Val-de-Grâce	Vincennes		
3e......	»	2	»	1	»	»	»	»	»	»	»	3	
4e......	»	1	»	1	»	»	»	»	»	»	»	2	
5e......	»	»	»	»	»	1	»	»	»	»	»	1	
10e......	1	1	2	5	»	»	»	»	1	»	»	10	
11e......	65	23	32	28	3	»	»	»	»	»	1	152	
12e......	21	5	13	6	»	»	»	»	»	1	»	46	
18e......	»	1	2	2	4	»	»	»	»	»	»	9	
19e......	11	5	19	22	10	»	»	»	»	»	»	67	
20e......	4	8	6	7	3	»	3	»	»	»	»	31	
	102	46	74	72	20	1	3	»	1	1	1	321 (1)	(1) Trois de ces malades sont morts pendant le trajet.
	318								3				

On s'est plaint, et quelquefois amèrement, de la façon dont le service a fonctionné, surtout dans les premiers jours; on a signalé des retards à l'arrivée de la voiture pour chercher tel ou tel malade; on s'est, enfin, étonné de la durée du trajet fait par le malade en voiture.

Sans doute il serait impossible d'affirmer que tout a été irréprochable, dès le début notamment; mais, en formulant ces critiques, on a oublié les difficultés que présentent toujours une organisation hâtive et les embarras suscités çà et là par les détails..

Il fallait d'abord recruter les cochers et se procurer les chevaux nécessaires. Le service était pénible, puisqu'il était continu, de jour et de nuit, et qu'il s'agissait de transporter des cholériques.

D'autre part, l'hôpital Tenon, à Ménilmontant, fut le seul qui reçut des cholériques jusqu'au 8 novembre au soir. La distance qui séparait cet hôpital de notre principal dépôt de voitures, rue Dombasle, à Vaugirard, faisait perdre aux voitures un temps précieux.

Les hôpitaux Bichat, Saint-Antoine, Saint-Louis, Lariboisière, le baraquement de l'hôpital Cochin, l'hôpital des Mariniers (rue Didot), Beaujon, la Charité et l'annexe de l'Hôtel-Dieu ont ensuite été successivement ouverts aux cholériques. Dès l'ouverture de la moitié de ces hôpitaux et dès l'installation des dépôts de voitures de la place Voltaire et de la rue Bouchardon, le service était certainement très bien fait.

Ajoutons qu'à partir du 11 novembre — au lendemain de la circulaire préfectorale que l'on trouvera plus loin — quelques municipalités, notamment celles des IIe, VIe, XIe, XIVe et XIXe arrondissements, disposèrent elles-mêmes de voitures, et que cette décentralisation permettait alors de faire face à toute aggravation possible de l'épidémie.

La Préfecture de Police ne s'était jamais occupée, au cours des précédentes épidémies, d'assurer le transport des malades, qu'on effectuait soit au moyen de brancards, soit dans n'importe quelle voiture, sans souci de la contagion possible. Il n'est pas douteux que la création d'un service de transport des malades dans les hôpitaux par voitures spéciales n'ait répondu à un réel besoin et n'ait rendu un réel service.

SERVICE DE LA DÉSINFECTION A DOMICILE.

L'instruction rédigée par le Conseil d'hygiène porte que dès que la chambre du malade aura été évacuée, soit à la suite d'un décès, soit après un transport à l'hôpital, la désinfection en sera faite au moyen de fumigations à l'acide sulfureux produit par la combustion du soufre. Le Conseil d'hygiène a prescrit en même temps le lavage des cabinets d'aisances et de tous autres endroits où les déjections du malade auraient été répandues, au moyen d'une solution contenant soit du chlorure de zinc, soit du sulfate de cuivre, soit du sulfate de zinc. Enfin, il a recommandé de brûler dans la cheminée même de la pièce tous les papiers, vieux linges, mauvais vêtements et autres objets de peu de valeur ayant pu être souillés par les déjections.

Pour être absolument certain que ces instructions seraient strictement suivies, la Préfecture de Police a organisé un service spécial.

Des escouades composées de deux hommes chacune se sont tenues de 7 heures du matin à 7 heures du soir prêtes à partir au premier appel. Elles étaient munies de tout le matériel nécessaire et avaient à leur disposition une voiture toujours attelée.

L'ordre de service ci-après, affiché dans chaque dépôt, indique en détail comment il a été procédé à la désinfection.

Ordre de service concernant les Escouades de désinfecteurs.

« Le service de la désinfection à domicile, soit après transport à l'hôpital, soit après décès, commencera à 7 heures du matin et se terminera à 7 heures du soir.

» Le chef du dépôt tiendra la main à ce que les hommes soient présents à l'heure réglementaire. Il signalera à la Préfecture les retardataires et, d'une façon générale, ceux qui ne se conformeraient pas aux instructions et aux ordres donnés. Il veillera à ce que les ustensiles et produits mis à la disposition des escouades soient employés régulièrement, et il en tiendra un compte d'entrée et de sortie.

» Le chef du dépôt aura soin de s'assurer, avant chaque départ, que la voiture est pourvue des objets et matières désinfectantes ci-après :

1° Une plaque de tôle de 0^m,60 sur 0^m,60;
2° Du sable en sac;
3° Du soufre, par paquets de 500 grammes;
4° De l'alcool méthylique (esprit de bois), par flacons de 200 grammes;
5° Des fourneaux de terre ou des briques;
6° Des allumettes;
7° Des allume-feux;
8° Un mètre;
9° Une échelle de deux mètres;
10° Un pot à colle et un pinceau;
11° Du papier de collage, par exemple des vieux journaux;
12° Des flacons de chlorure de zinc.

» Lorsqu'un ordre de départ sera donné, le chef du dépôt remettra aux désinfecteurs une carte sur laquelle il inscrira : leur nom, l'heure exacte de leur départ du dépôt, et l'adresse du local à désinfecter.

» La voiture partira immédiatement et se rendra sur place par la voie la plus directe.

» A son arrivée au domicile du malade, l'escouade présentera au concierge, ou à toute autre personne de la maison, sa note de service. L'escouade se fera conduire dans la chambre à désinfecter, en priant un habitant du même immeuble d'assister au travail.

» Il sera procédé à la désinfection ainsi qu'il suit :

» Cuber la pièce. A cet effet, mesurer la hauteur, la longueur et la largeur, multiplier le premier nombre par le second et le produit par le troisième. Cette mesure a pour but de savoir quelle quantité de soufre doit être brûlée dans la pièce. Il en sera brûlé 20 grammes par mètre cube. Une pièce de 25 mètres cubes exigerait un paquet de 500 grammes.

» Étendre à terre ou sur des tables tous les objets ayant été en contact avec le cholérique. Calfeutrer la cheminée, les fenêtres, les portes intérieures, en y collant du papier.

» Disposer sur la plaque de tôle placée au milieu de la chambre, le fourneau ou les briques, en prenant toutes les précautions possibles pour éviter les causes d'incendie : on aura soin d'en écarter les papiers et les étoffes.

» A défaut de fourneau, on formera au moyen de briques et de sable une sorte de cuvette peu profonde, de $0^m,30$ sur $0^m,30$ environ, dans laquelle on versera la quantité de soufre nécessaire. Sur ce soufre on répandra de l'alcool de façon à en humecter la surface; on jettera quelques allume-feu et on allumera.

» Avec un fourneau, l'opération de l'allumage serait analogue.

» On fermera la porte dès l'allumage. On calfeutrera hermétiquement la porte au dehors et on donnera la clef au concierge en lui recommandant de ne pas s'en dessaisir.

» Avant de se retirer, ne pas manquer de jeter dans les plombs et dans les cabinets d'aisances une solution de 500 grammes de chlorure de zinc, mélangée à dix litres d'eau.

» Une fois cette opération terminée, les désinfecteurs feront constater par écrit, sur leur carte de service, soit par le concierge, soit par un des locataires de l'immeuble, l'heure de leur arrivée et l'heure de leur départ.

» L'escouade regagnera ensuite son dépôt par la voie la plus directe.

» Le chef du dépôt devra consigner sur la carte de service l'heure précise de la rentrée des désinfecteurs au poste et garder cette carte.

» Le lendemain, l'escouade retournera dans le local, ouvrira les portes et les fenêtres, jettera de nouveau dans les plombs et dans les cabinets d'aisances une solution de 500 grammes de chlorure de zinc mélangée à dix litres d'eau et rapportera les objets au dépôt.

» Il est absolument interdit aux hommes de quitter le poste, sous quelque prétexte que ce soit, sans une autorisation du chef du dépôt.

» Les désinfecteurs et les cochers sont prévenus que toute irrégularité ou négligence apportée dans le service sera sévèrement punie. L'employé qui exécuterait mal son service ou qui s'enivrerait pourrait subir une retenue de salaire ou même être immédiatement congédié. »

Le personnel des désinfecteurs a été recruté en partie parmi les porteurs de l'Administration des Pompes funèbres, en partie parmi des ouvriers. Il a été pris seulement des hommes d'un âge mûr et présentant toutes garanties de moralité. Avant leur entrée en fonctions, ils ont eux-mêmes assisté à une désinfection. Souvent, d'ailleurs, le médecin délégué du quartier ou le commissaire de police s'est rendu sur place pour s'assurer que l'opération a été faite avec tout le soin nécessaire.

Au moment où le service commençait à fonctionner, en juillet dernier, divers procédés de désinfection ont été préconisés, et les désinfecteurs furent appelés à concourir aux expériences dont il importe de rappeler ici les résultats.

Ces expériences ont été faites dans le laboratoire de M. Dujardin-Beaumetz à l'hôpital Cochin.

M. Pasteur a tout d'abord dirigé les opérations avec son préparateur le docteur Roux; elles ont été ensuite poursuivies en août, septembre et octobre par M. Dujardin-Beaumetz, assisté de son chef de laboratoire, le docteur Bardet.

Le but de ces études était de déterminer la valeur désinfectante des divers produits dans le vrai sens du mot, abstraction faite de la destruction des mauvaises odeurs, c'est-à-dire de chercher si les matières proposées étaient capables de détruire les matières vivantes telles que les *bactéries* et même les principes violents tels que le *vaccin*.

Étant donné que l'on avait d'ores et déjà démontré l'action de différentes solutions (chlorure de zinc, sels de cuivre, de mercure, etc.), contre le développement des matières organiques dans les liquides, M. Dujardin-Beaumetz a limité ses études à l'examen des procédés conseillés pour la désinfection des locaux.

Des pièces vastes et habitées ordinairement ont servi de locaux d'essai. Des vases renfermant les divers virus organisés connus (charbon, microbe en virgule du choléra d'après Koch, vibrion septique) et du vaccin liquide ou à l'état de croûte, y ont été déposés, puis les diverses ouvertures ayant été calfeutrées avec du papier, on a opéré la fumigation.

Après élimination des procédés plus ou moins originaux qui n'avaient donné aucun résultat appréciable, les recherches les plus minutieuses ont porté sur les produits ci-après :

1° Chlore,
2° Brome,
3° Combustion du soufre, }
4° Emploi de l'acide sulfureux liquide, } Acide sulfureux.
5° Combustion du sulfure de carbone, }
6° Sulfate de nitrosyle (vapeurs nitreuses).

Les conclusions à tirer des expériences ont été les suivantes :

1° *Chlore*. — Produit à l'état gazeux par la décomposition de l'acide chlorhydrique à l'aide du bioxyde de manganèse, ce corps a détruit le vaccin et empêché le développement des bactéries dans les vases qui avaient séjourné dans la pièce. Toutefois son emploi est dangereux et peu pratique. On pourrait, il est vrai, employer le chlore liquide sous pression, mais en outre du coût élevé de ce procédé, il présenterait de gros inconvénients par suite de l'action gravement irritante du chlore sur les voies respiratoires. De plus, le dosage en est des plus difficiles. La dose considérée comme active dans les expériences était de un litre à la pression 76° soit environ trois grammes par mètre cube d'air.

2° *Brome*. — Employé, dit-on, en Allemagne, ce produit n'a donné que des résultats incomplets dans les expériences, sans doute à cause de la difficulté de sa diffusion. D'ailleurs, la dose active devrait être très élevée et par suite coûteuse. Enfin, comme le chlore, c'est un produit dangereux à manier.

3° *Combustion du soufre*. — A la dose de 20 grammes de soufre brûlé par mètre cube, les bactéries sont tuées, mais le vaccin garde son activité. Pour tuer le vaccin, il faut élever la dose à 40 grammes par mètre cube; alors le vaccin même en croûte est rendu inactif, fait très intéressant pour la désinfection des chambres de varioleux.

La vapeur de soufre a l'inconvénient de noircir les cuivres et d'altérer légèrement le fer ; mais l'acide sulfureux produit à l'état anhydre n'attaque jamais le linge, à moins qu'il ne soit fortement humide. Il n'y a pas non plus d'altération des couleurs. Des précautions sont nécessaires pour éviter les causes d'incendie.

4° *Combustion du sulfure de carbone.* — Mêmes effets que ceux du soufre. Les doses actives sont de 30 grammes et 60 grammes de sulfure de carbone par mètre cube. Le brûleur Ckiandi évite absolument toute chance d'accident, la combustion s'opère en dix à douze heures, l'altération des métaux est évitée. Ce procédé est parfait et à conseiller pour les infirmeries des collèges ou pensionnats, cependant la Préfecture de Police ne put l'employer. Pour effectuer simultanément un grand nombre de désinfections, il eut fallu avoir un grand nombre d'appareils, d'où une dépense importante : le brûleur en cuivre étamé ne peut être fourni à moins de 40 francs.

5° *Acide sulfureux liquide.* — Les syphons d'anhydride de M. Pictet ont été employés et ont fourni d'excellents résultats. L'opération se fait facilement en injectant l'acide dans la pièce à l'aide d'un tuyau passant à travers la porte. Le procédé est rapide et sans danger. Les doses actives correspondantes aux doses de soufre indiquées plus haut sont un et deux syphons d'acide sulfureux pour 20 mètres cubes.

Malheureusement, chaque syphon ne pouvait être fourni à l'Administration à moins de 2 fr. 50 c., ce qui mettait à 25 francs le prix d'une désinfection pour une pièce de 100 mètres cubes.

6° *Vapeurs nitreuses.* — Les vapeurs nitreuses dégagées par le sulfate de nitrosyle traité par l'eau jouissent d'une énergie réelle à la dose de 75 à 100 grammes de sel par mètre cube.

Mais les vapeurs nitreuses en se dégageant entraînent de la vapeur d'eau qui imprègne les tissus et les attaque par transformation en acide azotique du peroxyde d'azote dégagé. Il attaque de même les métaux.

De plus, les vapeurs nitreuses sont comme le chlore dangereuses à respirer; elles sont toxiques à faible dose, tandis que l'acide sulfureux n'est qu'irritant.

On le voit, le procédé le plus simple, celui qui avait été indiqué par le Conseil d'hygiène, était en somme le plus pratique. Il fut à peu près le seul employé.

Deux désinfecteurs seulement ont assuré le service du mois de juillet au mois de novembre. Ce sont eux qui sont allés à Aubervilliers et à Saint-Ouen notamment, pendant les mois de septembre et d'octobre, et qui, ensuite, ont formé les autres agents.

La circulaire suivante, en date du 2 août 1884, avisa les commissaires de police de l'existence de ce nouveau service.

Paris, le 2 août 1884.

« Messieurs, un service spécial de désinfecteurs vient d'être institué près la Préfecture de Police pour assurer l'exécution des mesures recommandées par le Conseil d'hygiène publique et de salubrité en matière de maladie contagieuse ou épidémique.

» Ce service doit fonctionner de la manière suivante :

» Lorsque vous aurez été informés qu'un malade atteint soit du choléra soit d'une maladie présentant des symptômes analogues, a été transporté à l'hôpital, ou qu'il a succombé à cette maladie, vous demanderez à la famille si elle veut faire procéder elle-même à la désinfection du local et des objets contaminés. Au cas de l'affirmative, vous la préviendrez que la désinfection sera contrôlée par le service médical dépendant de la Préfecture de Police.

» Lorsque la famille ne pourra pas ou ne voudra pas exécuter les mesures de désinfection prescrites, vous m'en avertirez immédiatement et j'enverrai sur place sans retard le personnel et le matériel nécessaires.

» Si l'épidémie cholérique atteignait Paris, la désinfection en cas de décès serait faite beaucoup plus rapidement encore. Lors de la déclaration du décès à la mairie, la famille serait interpellée sur la question de savoir si elle se charge de la désinfection et, au cas d'hésitation ou de refus de sa part, des ordres seraient donnés pour que la désinfection se fît aussitôt après la levée du corps.

» Je vous prie, Messieurs, de prêter au besoin votre assistance au personnel des désinfecteurs.

» Recevez, Messieurs, l'assurance de ma parfaite considération.

Le Préfet de Police,

E. CAMESCASSE.

Le 6 novembre, six désinfecteurs étaient en service; le 8, ce nombre était porté à quinze; et quelques jours après, la Préfecture de Police disposait de soixante-treize hommes, qui se trouvaient en mesure de faire face à tous les besoins. Ils étaient transportés sur place au moyen de trente-trois voitures, dont trois servaient exclusivement à aller le lendemain de l'opération chercher le matériel laissé la veille.

Le personnel était réparti ainsi qu'il suit :

Rue de Flandre. . . .	32 hommes	17 voitures.
Rue Bouchardon . . .	7 —	3 —
Rue Dombasle	15 —	5 —
Place Voltaire.	19 —	8 —

Le tableau ci-après indique par jour le nombre des désinfections auxquelles il a été procédé depuis le 4 novembre.

4 novembre	1 désinfection.
5 —	3 —
6 —	5 —
7 —	10 —
8 —	25 —
9 —	29 —
10 —	56 —
A reporter. . . .	129 désinfections.

Report. . . .	129	désinfections.
11 novembre	151	—
12 —	92	—
13 —	55	—
14 —	92	—
15 —	41	—
16 —	36	—
17 —	33	—
18 —	35	—
19 —	29	—
20 —	23	—
21 —	16	—
22 —	13	—
23 —	12	—
24 —	15	—
25 —	7	—
26 —	5	—
27 —	4	—
28 —	3	—
29 —	5	—
30 —	2	—
TOTAL. . . .	798	désinfections

La diminution importante du nombre des désinfections opérées dans la dernière moitié du mois ne tient pas seulement à la diminution du nombre des cas de choléra signalés; elle est due également à ce que plusieurs municipalités de Paris ont organisé, conformément aux indications contenues dans la circulaire préfectorale ci-après, des services locaux. Et enfin, il importe de constater que les agents de la Préfecture de Police, inspecteurs et garçons de bureau des commissariats, sous la direction de leurs chefs, ont pratiqué eux-mêmes un grand nombre de désinfections.

Circulaire à Messieurs les Maires de Paris.

Paris, le 10 novembre 1884.

MONSIEUR LE MAIRE,

L'épidémie cholérique paraissant devoir pénétrer dans plusieurs arrondissements à la fois, il importe que chacun de ces arrondissements ait à portée ses moyens d'action et de défense.

Je vous prie, si vous ne l'avez déjà fait, de convoquer d'urgence votre Commission d'hygiène, en y adjoignant les hommes spéciaux dont je vous avais précédemment signalé le concours comme utile. C'est le moment de rappeler plus que jamais à la population combien il est nécessaire que la plus grande propreté règne partout et notamment dans les lieux d'aisances, éviers, caniveaux, etc., et de procéder à des visites dans les endroits réputés les plus malsains, pour provoquer des mesures d'assainissement et au besoin les exécuter d'office.

J'appelle tout particulièrement votre attention sur un point : celui de la désinfection des locaux qu'un malade vient d'abandonner. Il est nécessaire que le remède soit immédiatement pratiqué.

L'extension de l'épidémie ne permet pas au service spécial de se porter à la fois sur des points très éloignés de Paris.

Messieurs les commissaires de police sont invités à organiser et à diriger un service particulier dans chaque quartier. Votre concours leur est indispensable et je vous le demande, afin de trouver des hommes de bonne volonté qui, moyennant rétribution, bien entendu, procéderaient sous la direction de l'Administration et des médecins délégués, aux mesures très simples mais très utiles que vous avez déjà vu pratiquer en pareil cas.

Quant au transport des malades, ce service qui n'avait jamais fonctionné encore dans Paris a, malgré des difficultés de toute sorte et notamment l'éloignement extrême du seul hôpital ouvert aux cholériques jusqu'à hier dimanche, marché d'une façon très satisfaisante.

Il est nécessaire maintenant de le décentraliser.

Dès samedi soir, un service spécial a marché au XIe arrondissement, desservant les arrondissements les plus voisins du foyer primitif et aussi les plus atteints.

Un second service spécial partait de l'Hôtel-Dieu; un troisième enfin desservait la rive gauche.

Il faut se préparer à en faire autant dans chaque arrondissement et trouver une ou deux voitures aménagées spécialement et une remise.

Dans le cas d'impossibilité d'avoir les ressources suffisantes dans l'arrondissement, j'enverrais des voitures qui y resteraient attachées.

Mes services spéciaux de transport et de désinfection deviendront ainsi une réserve qui se portera sur les points où elle sera nécessaire.

Pour éviter tout double emploi et toute fausse manœuvre, il importe que nous soyons constamment en rapport et que vous me disiez le plus tôt possible ce que vous avez fait et ce dont vous avez besoin.

Je compte, Monsieur le Maire, sur votre énergie et votre dévouement. Nous pouvons encore enrayer un mal dont l'étendue n'a en ce moment rien d'inquiétant.

Agréez, Monsieur le Maire, l'assurance de ma considération la plus distinguée.

Le Préfet de Police,

E. CAMESCASSE.

MISES EN BIÈRE, INHUMATIONS ET TRANSPORTS DES CORPS EN CAS DE CHOLÉRA

Le Conseil d'hygiène, dans sa séance du 10 août 1883, adopta un rapport de M. le docteur Brouardel dont voici les conclusions :

A. *Déclaration et constatation du décès.*

Lorsqu'un malade sera présumé mort du choléra, la déclaration devra être faite et reçue à la mairie sans aucun retard.

La visite du médecin de l'état civil devra suivre cette déclaration dans le plus bref délai.

L'Administration prendra les mesures nécessaires pour que la constatation du décès et l'inhumation aient lieu dans le plus bref délai.

Le médecin vérificateur sera autorisé à donner de suite le permis de mettre le corps en bière.

Ce médecin aura, à ce sujet, le droit d'adresser directement des réquisitions à l'Administration des Pompes funèbres pendant les heures de fermeture des bureaux de la mairie.

Il transmettra en même temps à la mairie les certificats de visite sur lesquels sera fait mention qu'il a ordonné la mise en bière d'urgence. Aussitôt cet avis reçu, le permis d'inhumer sera délivré.

B. *Mise en bière.*

Le linceul dans lequel le corps devra être enveloppé sera, au préalable, trempé dans une solution de sulfate de zinc, contenant 50 grammes de ce sel par litre d'eau. Cette préparation pourrait être fournie par l'Administration des Pompes funèbres, avertie par la mairie ou par le médecin vérificateur lui-même.

La bière, qui devra être étanche, contiendra un lit ayant une épaisseur de 5 à 6 centimètres, fait avec de la poudre de sulfate de zinc et de la sciure de bois à parties égales.

C. *Transport des corps hors du territoire de la commune.*

Les corps des personnes ayant succombé au choléra seront inhumés dans le cimetière de la commune où a eu lieu le décès. Il ne pourra, dans ce cas, être délivré de permis de transport en dehors du territoire de cette commune, à moins que le corps ne soit placé dans un cercueil de plomb.

Pour permettre à l'Administration de veiller à l'exécution de cette mesure, il conviendrait qu'aucune autorisation de transport de corps ne pût être accordée, à partir du jour où un cas de choléra épidémique aura été signalé, sans qu'un certificat, signé par le médecin de l'état civil et constatant la cause réelle du décès, fût joint à la demande d'autorisation.

Les mesures exceptionnelles proposées par ce rapport ont été appliquées ainsi qu'il suit :

I. *Déclaration et constatation du décès.*

En attendant l'institution d'un service de permanence de l'état civil dans les mairies, les commissaires de police avaient été autorisés à ordonner la mise en bière, après la constatation du décès par le médecin délégué. Ils avisaient immédiatement les maires pour la régularisation de l'opération.

Le 21 juillet 1884, la circulaire suivante fut adressée aux commissaires de police du ressort de la Préfecture.

MESSIEURS,

Par application de l'article 77 du Code civil qui prescrit *hors les cas prévus par les règlements de police,* un délai de vingt-quatre heures entre le décès d'une personne et la mise en bière, il a été décidé, d'accord avec le Conseil d'hygiène et de salubrité, que la mise en bière aurait lieu d'urgence en cas de choléra.

Le cadavre d'une personne qui a succombé à une affection contagieuse, notamment au choléra, ne saurait, en effet, séjourner sans danger dans un appartement, surtout lorsque la chambre qu'il occupe constitue à elle seule toute l'habitation d'une famille.

Je ne doute pas que cette mesure, justifiée par les exigences de la santé publique, ne rencontre un accueil favorable, s'il y avait lieu de l'appliquer. Néanmoins, le cas échéant, je vous prie d'intervenir.

Vous voudrez bien, en pareille circonstance, user de prudence et de modération pour vaincre la résistance des familles, en leur représentant les dangers qui pourraient résulter pour la salubrité publique de leur refus d'obtempérer aux règlements administratifs.

Les mises en bière d'urgence sont ordonnées par les maires, les médecins de l'état civil ou les inspecteurs de la vérification des décès. Je vous recommande, pour permettre à Messieurs les Maires d'assurer le service de l'état civil dans le plus bref délai, de les informer des décès cholériques qui vous seraient signalés.

Vous auriez soin, d'ailleurs, si vous étiez amené, à défaut d'un service de permanence dans les mairies, à faire procéder vous-même à une mise en bière d'urgence, de prévenir sans retard Messieurs les Maires.

Enfin, Messieurs, je crois devoir vous faire connaître qu'à l'avenir mon administration ne délivrera plus d'autorisation de transport de corps que lorsque la demande sera accompagnée d'un certificat médical indiquant la nature de la maladie qui a causé la mort. Les corps des personnes ayant succombé au choléra ne pourront jamais être transportés que dans des cercueils de plomb.

Je vous prie de m'accuser réception de la présente circulaire et de veiller à l'exécution des dispositions qu'elle renferme.

Recevez, Messieurs, l'assurance de ma parfaite considération.

Le Préfet de Police,

E. CAMESCASSE.

Comme on le voit par cette circulaire, les commissaires de police avaient reçu l'ordre d'informer, dans le plus bref délai, les maires de tout décès cholérique qui leur serait signalé, afin que ceux-ci pussent ordonner la mise en bière d'urgence.

La visite du médecin de l'état civil a toujours dû suivre immédiatement cette information, et l'Administration a pris les mesures nécessaires pour que l'inhumation eût lieu *sans autre délai que celui matériellement indispensable pour y pourvoir*.

Ce n'est qu'à raison de circonstances particulières que les maires, tenant compte de certains motifs donnés par les familles, ont pu quelquefois accorder un sursis de six heures au maximum pour qu'il fût procédé à l'inhumation.

La désinfection du local a, d'ailleurs, été faite dans tous les cas aussitôt après la levée du corps. Des escouades de désinfecteurs partaient de l'Administration des pompes funèbres en même temps que le personnel ordinaire.

II. — *Mise en bière.*

Le cadavre du cholérique devait être mis dans un linceul trempé dans une solution de sulfate de zinc contenant 50 grammes de ce sel par litre d'eau. Cette mesure fut prise dès le 4 novembre.

La bière devait être étanche : l'Administration des pompes funèbres en fit garnir un certain nombre soit de toile caoutchoutée, soit de carton bitumé.

Enfin, ainsi qu'il était ordonné, aucune mise en bière ne fut faite sans qu'on plaçât au fond du cercueil un lit de charbon en poudre et qu'on entourât le corps d'une mixture composée de sciure de bois imprégnée d'acide phénique et de salicylate de méthyle.

III. — *Transport de corps.*

L'Administration n'a délivré d'autorisation de transport de corps que lorsque *la demande était accompagnée d'un certificat médical* indiquant la nature de la maladie qui avait causé la mort. En cas de décès par *choléra,* l'Administration a toujours exigé des cercueils de plomb, quelle que fût la distance à laquelle le corps devait être transporté.

(En temps ordinaire, le cercueil de plomb n'est exigé que lorsque la distance dépasse 200 kilomètres.)

III

HISTORIQUE SOMMAIRE DU DÉVELOPPEMENT DU CHOLÉRA

On peut diviser l'historique du choléra à Paris et dans la banlieue en deux périodes :

L'une s'étendant du *24 juin au 24 octobre,* pendant laquelle le caractère épidémique était peu prononcé ;

L'autre commençant le *4 novembre*, date des débuts de la période épidémique proprement dite.

PREMIÈRE PÉRIODE

Nous indiquons ci-après pour la première période la liste par dates des cas de choléra ou présumés tels qui se sont produits dans la banlieue où à Paris, qu'ils aient été ou non suivis de décès. Viennent ensuite quelques observations concernant la répartition des cas constatés et les mesures prises pour empêcher la propagation de l'épidémie.

Banlieue

Dans la banlieue, quatorze communes ont été plus ou moins atteintes, et presque toutes se trouvent dans l'arrondissement de Saint-Denis, ainsi qu'il résulte du tableau suivant :

Nous désignons par la lettre (D) les cas de choléra suivis de mort.

Ils sont au nombre de quarante-trois, dont douze pendant les mois de septembre, et dix-huit pendant le mois de novembre.

COMMUNES	DATES	COMMUNES	DATES	COMMUNES	DATES
Aubervilliers	1er Juillet.	Aubervilliers	17 Octobre. (D)	Saint-Denis	10 Octobre (D)
—	15 — (D)	—	19 —	—	11 —
—	12 Septembre	—	21 — (D)	—	14 — (D)
—	12 —	—	24 —	Levallois-Perret	5 Août.
—	19 — (D)	Les Lilas	2 Août. (D)	—	8 —
—	19 — (D)	Clichy	30 Juillet. (D)	—	8 Octobre. (D)
—	20 — (D)	—	31 Août.	Saint-Ouen	7 Août. (D)
—	23 —	—	31 — (D)	—	13 Septembre (D)
—	27 — (D)	—	31 —	—	14 — (D)
—	29 — (D)	—	31 —	—	16 — (D)
—	29 — (D)	—	31 — (D)	—	21 — (D)
—	2 Octobre. (D)	Choisy-le-Roi	6 — (D)	—	3 Octobre. (D)
—	2 — (D)	Courbevoie	26 Juillet. (D)	—	5 — (D)
—	2 — (D)	Boulogne	21 Août.	—	5 —
—	5 —	—	22 — (D)	—	9 — (D)
—	5 — (D)	—	22 — (D)	—	10 — (D)
—	5 —	Noisy-le-Sec	3 —	Pantin	19 Juillet. (D)
—	7 — (D)	Nogent-sur-Marne	20 —	—	1er Août. (D)
—	10 — (D)	Saint-Denis	23 Septembre (D)	—	6 Octobre. (D)
—	14 — (D)	—	26 — (D)	Thiais	9 Août.
—	16 —	—	6 Octobre. (D)	Neuilly	14 Juillet. (D)

La commune la plus atteinte a été celle d'Aubervilliers, où six décès cholériques ont été constatés pendant le mois de septembre et neuf pendant le mois d'octobre.

Viennent ensuite les communes de Saint-Denis et Saint-Ouen.

L'épidémie s'est spécialement localisée dans la partie d'Aubervilliers dite : les Quatre-Chemins, qui se trouve à la limite de Pantin, entre le chemin de grande communication n° 13, et la route nationale n° 2. Deux rues principales traversent ce groupe d'habitations: la rue du Vivier et la rue des Cités, et transversalement se trouvent : le passage des Postes, la rue de Solférino, le passage de l'Union, le passage de la Goutte-d'Or et l'impasse Caron. Seize cholériques (dont onze morts) demeuraient dans ce quartier, dont tous les habitants sont dans la misère, et dont les logements sont, pour la plupart, encombrés par des chiffons.

En dehors du quartier des Quatre-Chemins, il n'y a guère qu'un point où la propagation cholérique ait été manifeste. C'est dans une baraque de la rue de la Haie-Coq, où est morte une femme Barré, dont le fils a été atteint quatre jours après.

Dans le quartier des Quatre-Chemins, des foyers d'infection se sont produits, rue des Cités, n° 1 (impasse Caron), où la femme Lenne et ses deux fils sont morts en huit jours, et passage de la Goutte-d'Or, 20, où trois cas ont été successivement constatés.

L'importance relative de l'épidémie à Aubervilliers justifie l'insertion dans le présent rapport du récit sommaire des constatations faites et des mesures prises dans cette commune. On y verra, d'ailleurs, avec quel soin l'épidémie a été suivie et combattue pied à pied.

Dès le transport à l'hôpital du sieur Trassard et de sa fille, le 12 septembre, les désinfecteurs se sont rendus sur place, 14, rue Solférino, ont calfeutré la cheminée et les fenêtres du logement, y ont fait brûler du soufre et se sont retirés après avoir jeté dans le plomb et dans le cabinet d'aisances dix litres d'eau tenant en dissolution du chlorure de zinc. Les désinfecteurs sont retournés le lendemain pour aérer le logement et jeter de nouveau des désinfectants dans le plomb et dans le cabinet d'aisances.

Chez le sieur Couteau, décédé le 19, route de Flandre, le service de désinfection a pris les mêmes mesures, en présence de M. le docteur Gillon.

Le même jour, 19 septembre, mourait le sieur Vermesch, rue Saint-Denis, 9. Les symptômes relatés dans le rapport de M. le docteur Michaux étaient formels. Cet homme, bien portant le 18 septembre, ressentit le 19, vers 4 heures du matin, un malaise général. Il put cependant se lever vers 6 heures, il commença à vomir et à avoir une diarrhée abondante. Le docteur Michaux arriva à 9 heures 1/2 : le malade était froid, violacé, couvert d'une sueur visqueuse, étouffant, avec des crampes dans les doigts et les jambes, et de l'anurie complète depuis 7 heures ; le pouls n'était plus perceptible ; les battements du cœur étaient précipités et très faibles. A partir de 10 heures, il n'eut plus ni selles ni vomissements. Le médecin revenait vers midi et demi. Il trouva le malade se tordant sur son lit avec des douleurs dans les reins et à la nuque, et pouvant à peine respirer. Vermesch mourut à 3 heures dans le coma. La désinfection de la chambre fut faite par le docteur Michaux ; les linges du malade furent en outre trempés dans de l'eau additionnée de chlorure de zinc.

Le décès de la femme Luxemberger, passage des Postes, 10, le 24 septembre, se produisit avec des symptômes moins caractéristiques, à raison même de son âge (soixante-dix-sept ans).

Cette femme avait éprouvé pendant quatre jours de la diarrhée, des vomissements, des crampes et une cyanose légère. D'autre part, il importait de remarquer que le sieur Couteau, décédé le 19, demeurait à proximité de la maison de la femme Luxemberger. En outre, dans la même maison du passage des Postes, 10, M. le docteur Lagneau, membre du Conseil d'hygiène, avait rencontré une malade présentant des symptômes inquiétants, la femme Mathieu. Cette femme avait été, presque en même temps que la femme Luxemberger, prise de vomissements, de diarrhée et de douleurs épigastriques. Le 24, elle était toutefois en convalescence. De plus, M. le docteur Lagneau avait vu passage de la Goutte-d'Or, 1, une enfant âgée de dix mois également atteinte de diarrhée et de vomissements. L'enfant ne pouvait plus prendre le sein : elle déglutissait avec peine quelques gouttes de lait. Ces considérations exigeaient des mesures de désinfection sérieuses, et le docteur Dumonteil-Grampré voulut bien s'en charger.

Le sieur Pouget, rue de la Haie-Coq, 17, fut atteint le 23, de diarrhée cholériforme. La guérison fut assez rapide. On se borna à opérer chez lui des lavages et des aspersions au sulfate de cuivre.

La veuve Degrave, décédée le 27 septembre, rue aux Reines, 47, était, d'après le docteur Dumonteil-Grampré, atteinte de cholérine, non de choléra confirmé. Elle avait éprouvé de la diarrhée pendant six jours. Malgré le diagnostic, la mise en bière fut faite d'urgence, et des mesures de désinfection furent prises.

Le 29, mouraient presque en même temps les sieurs Lenne (Jean-Baptiste), rue des Cités, 1 (impasse Caron), et Schneider, même rue, 49. Le sieur Schneider, vingt-cinq ans, était ouvrier dans l'établissement Lesage, et quelques-uns de ses voisins attribuaient sa mort à l'asphyxie spéciale déterminée par le méphitisme des matières fécales; mais il avait éprouvé de la diarrhée, des vomissements et des crampes très douloureuses; la coloration de la peau vers les extrémités et autour des yeux était altérée : le doute était donc possible. Le sieur Lenne, quinze ans, chiffonnier, avait depuis longtemps une hernie. Dans la nuit du 28 au 29 septembre, il avait été pris de très vives douleurs abdominales; mais aucun vomissement, peu d'évacuations alvines et non-altération de la coloration de la peau. Les accidents déterminés par une hernie n'étant pas d'ordinaire aussi rapidement mortels, le doute subsistait comme pour Schneider. La désinfection fut faite dans l'une et dans l'autre maison par les soins du docteur Gillon.

Le 2 octobre, le Préfet envoya à Aubervilliers l'une des voitures en service à Paris pour le transport des malades atteints d'affections contagieuses, à l'effet d'y chercher un sieur Beaumont, journalier, cinquante-six ans, demeurant passage de l'Union, 36. Ce malade mourait à l'hôpital Bichat quelques instants après son admission. M. le docteur Gouguenheim indiqua après l'autopsie, comme cause de décès : diarrhée avec complications cholériformes.

Le même jour, succombait à l'hôpital Saint-Louis un sieur Grosjean, vingt-quatre ans, demeurant à Aubervilliers, passage des Postes, 3. L'autopsie démontra qu'il était atteint de choléra. La désinfection fut faite chez Grosjean et chez Beaumont.

Le 3 octobre, le docteur Gillon informait le Préfet que Charles Lenne, dix-huit ans, frère de celui qui était mort le 29 septembre, venait à son tour d'être atteint et de mourir. M. le docteur Dujardin-Beaumetz et M. le Secrétaire général de la Préfecture de Police se rendirent en hâte à Aubervilliers. La désinfection par l'acide sulfureux et des lavages au chlorure de zinc furent faits avec le plus grand soin, en même temps qu'on réalisait dans la mesure du possible l'isolement du troisième frère et de la mère des deux décédés.

Le sieur Tarlier, passage de l'Union, 29, entrait le 5 octobre à l'hôpital Bichat, avec une diarrhée d'origine douteuse. Il sortait guéri quelques jours après.

Un sieur Vinet, passage de la Goutte-d'Or, 5, et une dame Chupon, même passage, 20, étaient atteints en même temps, le 6 octobre. Le sieur Vinet mourait le lendemain sans que le diagnostic ait été nettement déterminé. La dame Chupon ne tardait pas, au contraire, à se rétablir.

La femme Lenne, dont deux fils venaient de mourir impasse Caron, succombait le 7 octobre. Ce troisième décès dans la même maison exigeait des mesures rigoureuses. Le Préfet se rendit avec M le docteur Dujardin-Beaumetz à Aubervilliers. Il fit brûler la literie d'une femme Victor chez laquelle était morte la femme Lenne. Les désinfecteurs arrivèrent pour procéder aux fumigations et aux lavages ordinaires. Le survivant de la famille Lenne, un fils de vingt ans, fut habillé à neuf, après qu'on lui eût fait prendre un bain sulfureux; il fut relégué dans un logement spécial pendant huit jours, et pendant ce temps un secours journalier lui fut donné, son état de santé étant, d'ailleurs, attentivement surveillé.

Le 10 octobre, une femme Barré, cinquante-huit ans, journalière, demeurant rue de la Haie-Coq, dans une misérable baraque, fut transportée à l'hôpital Bichat. Cette femme avait une diarrhée chronique, lorsqu'elle fut prise dans la soirée du 8 de vomissements avec diarrhée abondante et crampes. Le 9 au soir, le docteur Michaux trouvait la malade froide, se plaignant d'oppression et de crampes avec anurie depuis douze heures; les vomissements persistaient, la face était violacée et froide. La malade mourait le 11 à 4 heures du soir. Le Préfet ordonna de brûler la literie et même la baraque dans laquelle demeurait cette femme. Le fils Barré reçut quelques secours et dut être lui-même transporté à l'hôpital le lendemain comme atteint de choléra.

Dans la maison où la femme Chupon avait été atteinte le 5 octobre, passage de la Goutte-d'Or, 20, une femme Arlinger mourait le 14. L'inhumation faite d'urgence fut suivie sans retard d'une désinfection complète, non seulement du logement occupé au premier étage par cette femme, mais des logements contigus, dont les quatre locataires furent envoyés dans les chambres du troisième étage de la même maison. Ces chambres étaient précisément vacantes et venaient d'être blanchies à la chaux. Le Préfet assista à la désinfection avec M. le docteur Léon Colin. Il fit en même temps donner au sieur Arlinger des secours. Cet individu, encore malade du choléra, fut, deux jours après, atteint de fièvre typhoïde.

Le 18 octobre, vers 11 heures, le Préfet et M. le docteur Dujardin-Beaumetz arrivèrent, rue du Landy, chez le sieur Buzaret au moment où son enfant, âgé de treize ans et demi, expirait après douze heures de maladie avec les caractères indéniables du choléra : diarrhée, vomissements, constriction épigastrique, suppression des urines, teinte cyanosée, etc. Le même jour, avait lieu l'inhumation qui fut immédiatement suivie d'une désinfection minutieuse de l'appartement dans lequel étaient restés la literie et les vêtements. Le surlendemain, ces objets étaient brûlés. De leur côté, les sieur et dame Buzaret prenaient un bain sulfureux, revêtaient des vêtements neufs, et le Préfet faisait pourvoir à leur logement.

Le sieur Daubry, vingt-sept ans, rue aux Reines, 62, a éprouvé vers le 19 de la diarrhée et des crampes ; mais une amélioration ne tarda pas à se produire. M. le docteur Michaux eut soin de faire désinfecter sa chambre, son linge, les cabinets d'aisances et les ruisseaux de la maison.

Le 21 octobre, le sieur Bettinger est décédé rue Solférino, 9, après douze heures seulement de maladie. La désinfection fut faite chez lui, comme dans les autres cas, par une escouade de désinfecteurs. La dame Bettinger, sa veuve, et son enfant, âgé de huit ans, allèrent loger pendant quelques jours dans un appartement voisin; leur literie fut brûlée.

Les détails qui précèdent étaient nécessaires pour montrer comment toutes les prescriptions formulées par le Conseil d'hygiène ont été exécutées.

Ils nous dispenseront d'insister par la suite sur les mesures prises au cours de la seconde période de l'épidémie, c'est-à-dire à partir du 4 novembre. Les mêmes instructions ont été, en effet, suivies avec le même scrupule. L'Administration s'est bornée à donner aux divers services toute l'extension nécessaire.

Paris

Le nombre des cas signalés à Paris pendant les mois de juillet, août, septembre et octobre s'est élevé à 103

Et celui des décès à 40

ainsi qu'il résulte du tableau suivant :

1er ARRONDISSEMENT

Quartier des Halles.

4 Septembre.

3e ARRONDISSEMENT

Quartier des Enfants-Rouges.

24 Juillet.

Quartier des Archives.

22 Juillet.
15 Août.
15 —

4e ARRONDISSEMENT

Quartier Saint-Gervais

11 Août.

Quartier de l'Arsenal.

16 Août.

5e ARRONDISSEMENT

Quartier Saint-Victor.

16 Juillet.
8 Septembre (D.)

Quartier du Jardin-des-Plantes.

6 Octobre (D.).

Quartier du Val-de-Grâce.

2 Août.
2 —
14 —
30 — (D.).

6e ARRONDISSEMENT

Quartier de l'Odéon.

14 Juillet.

Quartier Notre-Dame-des-Champs.

16 Août (D.).
18 —
30 —

Quartier Saint-Germain-des-Prés.

10 Juillet (D.).
20 — (D.).

7e ARRONDISSEMENT

Quartier du Gros-Caillou.

20 Juillet (D.).
27 Septembre (D.).

8e ARRONDISSEMENT

Quartier du Faubourg-du-Roule.

22 Septembre (D.)

Quartier de l'Europe.

5 Juillet (D.).
24 Août (D.).

9e ARRONDISSEMENT

Quartier Saint-Georges.

26 Juin.

Quartier du Faubourg-Montmartre.

4 Octobre (D.).

Quartier Rochechouart.

29 Juillet (D.).

11e ARRONDISSEMENT

Quartier de la Folie-Méricourt.

17 Juillet.
15 Août.

Quartier de la Roquette.

14 Août.
14 —
19 —

Quartier Sainte-Marguerite.

14 Juillet (D.).
17 — (D.).
20 —
20 —
22 — (D.).
23 — (D.).
10 Septembre.
14 Octobre (D.).

12e ARRONDISSEMENT

Quartier Picpus.

14 Août.

Quartier de Bercy.

3 Août (D.).

Quartier des Quinze-Vingts.

27 Juillet.
9 Août.

13e ARRONDISSEMENT

Quartier de la Salpêtrière.

30 Juillet (D.).

Quartier de la Gare.

11 Juillet.
19 —
29 —
11 Août.
29 Septembre (D.).

Quartier de la Maison-Blanche.

23 Juillet.

14e ARRONDISSEMENT

Quartier Montparnasse.

16 Août.
14 Octobre (D.).

Quartier du Petit-Montrouge.

21 Juillet.
28 Aout (D.).

Quartier de Plaisance.

22 Juillet (D.).

15e ARRONDISSEMENT

Quartier de Javel.

5 Septembre (D.).

Quartier Necker.

22 Août.
26 —

Quartier de Grenelle.

15 Août.
31 — (D.).
7 Octobre (D.).

16e ARRONDISSEMENT

Quartier d'Auteuil.

11 Juillet.

Quartier des Bassins.

6 Août.

17e ARRONDISSEMENT

Quartier des Batignolles.

12 Juillet (D.).
18 — (D.).
25 Août.
28 —

Quartier des Ternes.

21 Juillet.
9 Octobre (D.).
9 — (D.).

Quartier des Épinettes.

4 Juillet.
14 — (D.).
19 — (D.).
19 —
14 Août.
22 —

18e ARRONDISSEMENT

Quartier des Grandes-Carrières.

12 Août (D.).

Quartier Clignancourt.

20 Juillet.
3 Août (D.).
8 — (D.).

Quartier de la Goutte-d'Or.

10 Juillet.
30 — (D.).

19e ARRONDISSEMENT

Quartier de La Villette.

22 Juillet.
2 Août.
9 —
23 — (D.).

Quartier du Pont-de-Flandre.	Quartier du Combat.	Quartier du Père-Lachaise.
17 Juillet (D.). Quartier d'Amérique. 12 Septembre.	21 Juillet. 20e ARRONDISSEMENT Quartier de Belleville. 5 Juillet (D.). 26 — 5 Août.	11 Juillet. 12 — 26 — 26 — 27 — 7 Août Quartier de Charonne. 1 Juillet. 27 —

Les quartiers les plus atteints sont: le quartier Sainte-Marguerite où l'on a compté huit cas, dont cinq décès, et le quartier des Épinettes où se sont produits six cas, dont deux décès.

Il n'a été constaté d'ailleurs aucun foyer épidémique, si l'on en excepte les incidents Tonnaër-Thossul, faubourg Saint-Antoine, 159, et Guillodot, 27, rue Brunel et impasse des Acacias, 8.

Nous croyons intéressant de donner sur ces deux affaires des indications particulières.

Le sieur Tonnaër, soixante-quinze ans, est mort le 14 juillet, dans la période algide du choléra, dit M. le docteur Mouton, médecin délégué. Conditions hygiéniques les plus mauvaises : misère extrême et habitation malpropre. Avant la visite du médecin délégué, il n'avait reçu aucun secours médical ; la désinfection du local a été faite immédiatement après la levée du corps, par le docteur Mouton, au moyen de lavages au chlorure de zinc et de fumigations d'acide sulfureux produit par la combustion du soufre. Une femme L... qui vivait avec Tonnaër a été logée dans un garni et a reçu pendant quelques jours des secours. — Dans la même maison, la jeune Thossul est décédée le 17 juillet, à la suite d'une fièvre typhoïde à rechute, mais après avoir présenté divers symptômes étrangers à la fièvre typhoïde : refroidissement intense, pouls filiforme, raucité de la voix. Quelques heures après le décès, le Préfet a fait désinfecter ce logement au moyen de syphons d'acide sulfureux (système Pictet), et prescrit une nouvelle désinfection du logement Tonnaër par le même procédé. Aucun autre cas n'a été signalé par la suite dans cet immeuble.

Le sieur Guillodot, trente-six ans, ayant quitté Paris le 4 octobre, pour aller à Laferrière-en-Brie (Seine-et-Marne), y fut pris de symptômes cholériques. Sa femme alla le chercher et le ramena à Paris. Il entra à l'hôpital Bichat le 7 octobre et mourut le lendemain. Le chef de service indiqua, comme cause de décès : entérite avec alcoolisme. Cependant, le 9, la femme Guillodot était admise dans le même hôpital, avec les mêmes symptômes, et elle succombait le 15 à une entérite, dit le docteur Gouguenheim, avec accidents cholériformes. Une escouade de désinfecteurs s'était, dès le 9 octobre, rendue dans les deux logements des époux Guillodot, rue Brunel, et impasse des Acacias. Dans le quartier des Ternes, aucun décès par choléra ne s'est produit depuis cette époque.

DEUXIÈME PÉRIODE

Banlieue

Le choléra, qui a semblé s'éteindre complètement à la fin du mois d'octobre, dans la banlieue-nord de Paris, n'y a reparu dans le courant du mois de novembre que comme une sorte de reflet du choléra de Paris.

Les chiffres suivants indiquent que cette épidémie, même dans les communes d'Aubervilliers, Saint-Denis et Saint-Ouen, les plus éprouvées durant la première période, a fait relativement peu de victimes.

Dans l'arrondissement de Saint-Denis, quatorze communes (1) ont été atteintes, et dans la commune la plus contaminée, celle de Boulogne, il n'a été constaté que sept cas de choléra suivis de

(1) Voir plus haut le tableau des cas signalés à la Préfecture de Police, p. 16.

décès. Or, Boulogne renferme 25,500 habitants, soit 2.74 par 10,000 habitants.

L'arrondissement de Sceaux a été plus épargné encore : on n'y a compté que dix décès, répartis dans sept communes.

Cas de choléra suivis de décès constatés dans les communes de l'arrondissement de Saint-Denis pendant le mois de novembre 1884.

Asnières . . . . 1 décès.
Le 14 novembre.

Aubervilliers . . . . 3 —
Les 14, 17, *28* novembre (1).

Bagnolet . . . . 1 —
Le 17 novembre.

Boulogne . . . . 7 —
Les *12*, *15*, 15, *16*, 17, *19*, *24* novembre.

Clichy . . . . 5 —
Les *15*, *23*, *25*, *28*, *29* novembre.

Courbevoie . . . . 1 —
Le 20 novembre.

Levallois-Perret . . . . 2 —
Le *21* novembre.

Neuilly . . . . 2 —
Les 12 et *21* novembre.

Pantin . . . . 2 —
Les *12* et *26* novembre.

Prés-Saint-Gervais . . . . 2 —
Les *14* et *17* novembre.

Puteaux . . . . 1 —
Le 17 novembre.

---

(1) Les dates en *italiques* sont celles des décès survenus dans les hôpitaux de Paris où les malades avaient été transportés.

Saint-Denis. 4 décès.
Les *13*, 14, *19* et 20 novembre.
Saint-Ouen. 5 —
Les *18*, *19*, 19, *21* et 28 novembre.

36 décès.

Cas de choléra suivis de décès constatés dans l'arrondissement de Sceaux.

Montrouge. 1 décès.
Le *27* novembre.
Malakoff. 3 —
Les 14, *17* et *23* novembre.
Ivry-sur-Seine. . . . . 2 —
Les *12* et 18 novembre.
Vitry-sur-Seine . . . . 1 —
Le 14 novembre.
Rosny-sous-Bois. . . . . 1 —
Le 11 novembre.
Montreuil . . . . 1 —
Le 8 novembre.
Saint-Mandé . . . . 1 —
Le 11 novembre.
(Ce décès est celui d'un soldat à l'hôpital de Saint-Mandé.)

PARIS

La période épidémique proprement dite commença à Paris le 4 novembre.

La première personne atteinte fut un sieur Rapt, demeurant dans un garni de la rue Maubuée (quartier Saint-Merri). Cet homme fut transporté, le 4, à l'hôpital de la Charité, et quelques jours après il sortait guéri.

Le même jour mourait rue du Temple, 135 (quartier des Arts-et-Métiers), un sieur Cribier, 29 ans. Le docteur Ehrhardt, médecin délégué, conclut à une affection intestinale suraigüe, mais d'un caractère douteux. La désinfection de l'appartement n'en fut pas moins faite avec soin.

Le troisième malade signalé, et le premier cas caractérisé, est un sieur Petit, garçon de lavoir, demeurant rue Mouffetard, 128, qui est venu mourir dans la chambre d'un de ses compagnons de travail, passage Saint-Pierre, 6, sous les yeux du Préfet et du docteur Dujardin-Beaumetz, avisés par les services de police.

Une désinfection complète a été faite en même temps chez le sieur Petit et au passage Saint-Pierre. Ni la famille du sieur Petit (une femme et trois enfants) ni personne dans le lavoir n'ont été atteints.

Le lavoir visité aussitôt par M. Gérardin, inspecteur des établissements classés, occupait ce jour-là quarante laveuses, et toutes les conditions ordinaires de salubrité y étaient exactement remplies. L'écoulement des eaux s'y fait souterrainement jusqu'à l'égout de la rue Saint-Paul, et des regards permettent de s'assurer de l'état de la canalisation.

Le 5 novembre, une dame O..., rue Coquillière, 38, mourait du choléra. M. le docteur Richard, médecin délégué, l'avait vue trois fois pendant la nuit et n'avait pas hésité à diagnostiquer le choléra. Comme cette femme occupait elle-même un certain nombre d'ouvrières, l'atelier fut désinfecté en même temps que le logement, et pendant cette désinfection, la famille fut logée aux frais de l'Administration, dans un garni voisin.

Dans la nuit du 5 au 6 novembre, mourait à son tour à l'hôpital Tenon, un sieur Goutonnier, demeurant rue de l'Orillon, 6 (quartier Folie-Méricourt). M. le docteur Sergent, médecin délégué, avait constaté le choléra vers 4 heures du soir. Le transport avait eu lieu immédiatement et le malade est mort à 3 heures du matin.

Les malades atteints par la suite habitaient pour la plupart des points de Paris assez éloignés les uns des autres :

Rue de l'Université (Gros-Caillou);
Rue Surcouf —
Quai Conti (Monnaie);
Rue Sainte-Marguerite, 21 (Sainte-Marguerite);
— — 11 —
— — 10 —
Rue Lepeu prolongée (Picpus);
Rue François-Miron (Saint-Gervais);
Rue de Charenton (Quinze-Vingts);
Rue Daubenton (Jardin-des-Plantes);
Rue de Rambouillet (Quinze-Vingts);
Impasse Guillaumot —
Rue de Charenton —
Passage Saint-Philippe (Faubourg-du-Roule);
Rue Saint-Denis (Halles);
Rue de l'Hôtel-de-Ville (Saint-Gervais).

Le tableau ci-après indique jour par jour, du 4 au 30 novembre, le nombre des décès cholériques constatés à Paris.

État numérique des décès par choléra signalés, à Paris, du 4 au 30 novembre 1884.

4 novembre	. . . .	2 décès.
5 —	. . . .	3 —
6 —	. . . .	18 —
7 —	. . . .	12 —
8 —	. . . .	29 —
9 —	. . . .	65 —
10 —	. . . .	110 —
11 —	. . . .	94 —
	A reporter. . . .	333 décès.

PRÉFECTURE DE POLICE

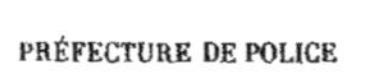

2e DIVISION

ÉPIDÉMIE CHOLÉRIQUE DU 4 AU 30 NOVEMBRE 1884

Répartition Chronologique des Décès

Échelle : 0m,001 = Un Décès

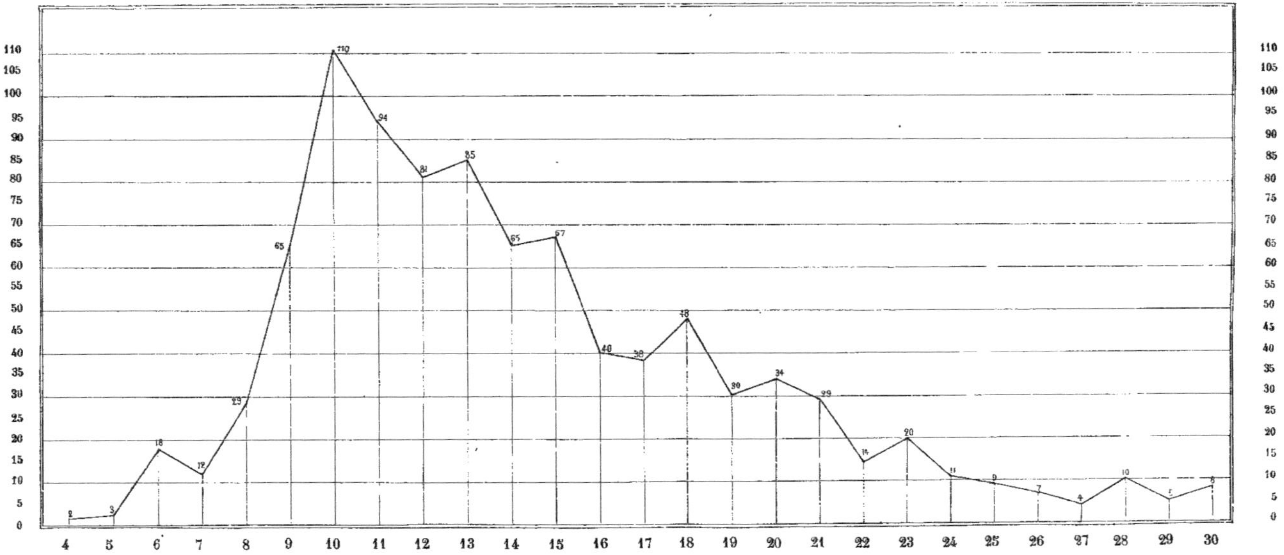

110 105 100 95 90 85 80 75 70 65 60 55 50 45 40 35 30 25 20 15 10 5 0

2 3 18 12 29 65 110 94 81 85 65 67 40 38 48 30 34 29 14 20 11 9 7 4 10 5 8

4 5 6 7 8 9 10 11 12 13 14 15 16 17 18 19 20 21 22 23 24 25 26 27 28 29 30

110 105 100 95 90 85 80 75 70 65 60 55 50 45 40 35 30 25 20 15 10 5 0

	Report	333 décès.
12 novembre	. . . .	81 —
13 —	. . . .	85 —
14 —	. . . .	65 —
15 —	. . . .	67 —
16 —	. . . .	40 —
17 —	. . . .	38 —
18 —	. . . .	48 —
19 —	. . . .	30 —
20 —	. . . .	34 —
21 —	. . . .	29 —
22 —	. . . .	14 —
23 —	. . . .	20 —
24 —	. . . .	11 —
25 —	. . . .	9 —
26 —	. . . .	7 —
27 —	. . . .	4 —
28 —	. . . .	10 —
29 —	. . . .	5 —
30 —	. . . .	8 —
	TOTAL	938 décès.

Le tableau graphique ci-contre indique plus clairement encore la progression et la décroissance de l'épidémie pendant cette période.

Le bureau spécial de la statistique municipale, qui relève de la Préfecture de la Seine, pourra faire une étude particulière de la statistique cholérique et rechercher les conditions de l'étiologie et du développement de l'épidémie.

La Préfecture de Police doit se borner à signaler ici les particularités les plus saillantes.

Suivant les instructions du Préfet de Police, on a marqué sur un plan de Paris l'emplacement de chacune des maisons où se sont produits des cas de choléra suivis de décès.

Cette carte fait ressortir qu'il s'est constitué sur un certain nombre de points de véritables foyers épidémiques, tandis que des cas isolés se révélaient à peu près dans tous les quartiers de Paris.

Le tableau ci-après indique pour chacun des quatre-vingts quartiers et chacun des vingt arrondissements de Paris, le nombre des décès par choléra, le nombre des décès par cholérine, diarrhée cholériforme ou entérite et la proportion des décès par 10,000 habitants.

Les deux tableaux graphiques insérés à la fin de ce travail (page 120) traduisent d'une façon plus apparente encore la répartition des décès cholériques par quartiers, — et par arrondissements.

Ils comprennent, en outre, pour chaque quartier et pour chaque arrondissement, les tracés de la densité de la population, et du nombre des habitants demeurant en garni.

Décès par choléra signalés à Paris du 4 au 30 novembre 1884.

ARRONDISSEMENTS	QUARTIERS	CHOLÉRA		Cholérines, diarrhées cholériformes entérites, etc.		TOTAUX par QUARTIERS		TOTAL GÉNÉRAL par QUARTIERS	PROPORTION par 10,000 HABITANTS	TOTAUX par ARRONDISSEMENTS		TOTAL GÉNÉRAL par ARRONDISSEMENTS	PROPORTION par 10 000 HABITANTS	OBSERVATIONS
		M.	F.	M.	F.	M.	F.			M.	F.			
Ier	St-Germain-l'Auxerrois	3	1	»	»	3	1	4	4.05	11	7	18	2.38	
	Halles	5	2	»	»	5	2	7	1.93					
	Palais-Royal	3	»	»	1	3	1	4	2.27					
	Place-Vendôme	»	3	»	»	»	3	3	2.15					
IIe	Gaillon	»	1	»	»	»	1	1	1.04	5	12	17	2.22	
	Vivienne	»	2	»	»	»	2	2	1.48					
	Mail	1	»	»	»	1	»	1	0.48					
	Bonne-Nouvelle	4	8	»	1	4	9	13	3.98					
IIIe	Arts-et-Métiers	12	6	»	»	12	6	18	6.63	27	21	48	5.09	
	Enfants-Rouges	4	9	1	»	5	9	14	6.38					
	Archives	2	1	»	»	2	1	3	1.36					
	Sainte-Avoie	8	5	»	»	8	5	13	5.59					
IVe	Saint-Merri	12	5	1	»	13	5	18	6.75	43	29	72	6.94	
	Saint-Gervais	20	12	»	»	20	12	32	7.14					
	Arsenal	4	7	»	»	4	7	11	6.06					
	Notre-Dame	6	4	»	1	6	5	11	7.72					
Ve	Saint-Victor	12	3	»	»	12	3	15	5.37	49	21	70	6.11	
	Jardin-des-Plantes	8	8	»	»	8	8	16	6.90					
	Val-de-Grâce	16	1	»	»	16	1	17	5.45					
	Sorbonne	12	8	1	1	13	9	22	6.62					
VIe	Monnaie	4	6	»	»	4	6	10	5.34	14	15	29	2.96	
	Odéon	2	1	»	»	2	1	3	1.35					
	Notre-Dame-des-Champs	3	4	»	»	3	4	7	1.74					
	Saint-Germain-des-Prés	5	4	»	»	5	4	9	5.35					
VIIe	Saint-Thomas-d'Aquin	2	3	»	»	2	3	5	2.03	71	34	105	(B) 12.60	Abstraction faite des décès constatés avenue de Breteuil, 62, les proportions par 10,000 habitants sont : (A) 1.71. (B) 4.68.
	Invalides	»	2	»	»	»	2	2	1.64					
	Ecole-Militaire	49	20	»	»	49	20	69	(A) 39.50					
	Gros-Caillou	18	7	2	2	20	9	29	9.90					
VIIIe	Champs-Elysées	1	»	»	»	1	»	1	1.20	4	5	9	1.01	
	Faubourg-du-Roule	1	1	»	»	1	1	2	1.06					
	Madeleine	1	3	»	»	1	3	4	1.47					
	Europe	1	1	»	»	1	1	2	0.57					
IXe	Saint-Georges	1	»	»	»	1	»	1	0.27	3	2	5	0.40	
	Chaussée-d'Antin	»	»	»	»	»	»	»	»					
	Faubourg-Montmartre	1	2	»	»	1	2	3	1.13					
	Rochechouart	1	»	»	»	1	»	1	0.27					
Xe	Saint-Vincent-de-Paul	»	4	»	»	»	4	4	1.00	15	28	43	2.37	
	Porte-Saint-Denis	1	3	»	»	1	3	4	1.23					
	Porte-Saint-Martin	9	12	1	1	10	13	23	5.18					
	Hôpital-Saint-Louis	4	8	»	»	4	8	12	2.76					
XIe	Folie-Méricourt	6	6	»	1	6	7	13	2.35	95	74	169	8.07	
	Saint-Ambroise	24	12	1	2	25	14	39	8.53					
	Roquette	33	24	3	7	36	31	67	9.64					
	Sainte-Marguerite	27	21	1	1	28	22	50	12.91					
XIIe	Bel-Air	»	»	»	»	»	»	»	»	46	34	80	7.71	
	Picpus	7	6	»	1	7	7	14	3.80					
	Bercy	2	1	»	»	2	1	3	2.91					
	Quinze-Vingts	31	23	6	3	37	26	63	12.90					
XIIIe	Salpêtrière	»	9	»	»	»	9	9	4.96	9	12	21	2.29	
	Gare	4	»	»	»	4	»	4	1.21					
	Maison-Blanche	2	2	»	»	2	2	4	1.33					
	Croulebarbe	2	1	1	»	3	1	4	3.80					
XIVe	Montparnasse	1	»	»	»	1	»	1	0.39	4	2	6	0.65	
	Santé	2	2	»	»	2	2	4	5.74					
	Petit-Montrouge	»	»	»	»	»	»	»	»					
	Plaisance	1	»	»		1	»	1	0.25					
XVe	Saint-Lambert	»	2	»	»	»	2	2	0.84	25	10	35	3.47	Pour l'ensemble de Paris, la proportion par 10,000 hab. est de 4.07.
	Necker	7	2	1	1	8	3	11	3.23					
	Grenelle	13	3	»	»	13	3	16	5.36					
	Javel	4	2	»	»	4	2	6	4.56					
XVIe	Auteuil	»	»	»	»	»	»	»	»	6	»	6	0.98	Sont morts, en outre, à Paris : Un cholérique tombé sur la voie publique, n'ayant pas de domicile, et 25 habitants de la banlieue transportés dans les hôpitaux de Paris
	Muette	2	»	»	»	2	»	2	1.05					
	Porte-Dauphine	1	»	»	»	1	»	1	1.10					
	Bassins	3	»	»	»	3	»	3	1.48					
XVIIe	Ternes	»	»	»	»	»	»	»	»	10	5	15	1.04	
	Plaine-Monceaux	2	»	»	»	2	»	2	0.89					
	Batignolles	5	2	»	»	5	2	7	1.35					
	Epinettes	1	3	2	»	3	3	6	1.50					
XVIIIe	Grandes-Carrières	1	1	1	»	2	1	3	0.60	10	9	19	1.06	
	Clignancourt	2	3	»		2	3	5	0.70					
	Goutte-d'Or	3	»	»	»	3	»	3	0.72					
	La Chapelle	3	5	»	»	3	5	8	3.43					
XIXe	La Villette	21	19	»	»	21	19	40	8.07	61	43	104	8.82	
	Pont-de-Flandre	11	3	»	»	11	3	14	12.59					
	Amérique	7	5	»	»	7	5	12	6.40					
	Combat	20	13	2	3	22	16	38	9.86					
XXe	Belleville	5	5	»	»	5	5	10	2.09	23	18	41	3.23	
	Saint-Fargeau	2	1	»	1	2	2	4	4.15					
	Père-Lachaise	12	3	»	»	12	3	15	3.87					
	Charonne	3	8	1	»	4	8	12	3.87					
	TOTAUX	506	354	25	27	531	381	912		531	381	912		

Comme on le voit, les arrondissements les moins atteints sont :

Le IXe, le XIVe et le XVIe, qui ont eu moins de un décès par 10,000 habitants ;

Le VIIIe, le XVIIe et le XVIIIe arrondissements qui ont eu moins de deux décès par 10,000 habitants.

D'autre part, les arrondissements les plus atteints, sans parler du VIIe, à cause de l'incident de l'avenue de Breteuil, sur lequel nous insisterons plus loin, sont les suivants :

IIIe	arrondissement	48	décès, soit	5.09	par 10,000	habitants.
IVe	—	72	—	6.94		—
Ve	—	70	—	6.11		—
XIe	—	169	—	8.07		—
XIIe	—	80	—	7.71		—
XIXe	—	104	—	8.82		—

Cinq quartiers seulement sont restés absolument indemnes. Ce sont ceux de la Chaussée-d'Antin (IXe arrondissement), de Bel-Air (XIIe arrondissement), du Petit-Montrouge (XIVe arrondissement), d'Auteuil (XVIe arrondissement), et des Ternes (XVIIe arrondissement).

Vingt-trois quartiers ont eu seulement un, deux ou trois décès, savoir : Place-Vendôme (Ier arrondissement), Gaillon, Vivienne et Mail (IIe arrondissement), Archives (IIIe arrondissement), Odéon (VIe arrondissement), Invalides (VIIe arrondissement), Champs-Élysées, Roule, Europe (VIIIe arrondissement), Saint-Georges, Faubourg-Montmartre et Rochechouart (IXe arrondissement), Bercy (XIIe arrondissement), Montparnasse et Plaisance (XIVe arrondissement), Saint-Lambert (XVe arrondissement), Muette, Porte-Dauphine et Bassins (XVIe arrondissement), Plaine-Monceaux, (XVIIe arrondissement), Grandes-Carrières et Goutte-d'Or (XVIIIe arrondissement). On pourrait ajouter à cette liste le quartier de l'École-Militaire, où il ne s'est produit que trois décès, abstraction faite de l'épidémie parfaitement circonscrite de l'hospice de vieillards de l'avenue de Breteuil.

Si l'on examine de plus près la répartition des foyers épidémiques, on remarque qu'il s'en est produit dans certaines rues ou même certaines agglomérations de rues.

En voici des exemples :

On a constaté dans la rue de la Parcheminerie (quartier de la Sorbonne) cinq cas de choléra suivis de décès. Les maisons habitées par les décédés portent les numéros suivants : 5, 6, 12, 16 et 28. Cette rue a seulement 132 mètres de longueur.

La rue de Bièvre (longueur 155 mètres) a été plus atteinte. Aux numéros 5, 6 et 32, il y a eu un cas suivi de décès; au numéro 15, il y en a eu trois. Cette rue se trouve dans le quartier Saint-Victor (Ve arrondissement).

Un foyer contagieux s'est manifesté rue des Chaufourniers et passage Puébla (XIXe arrondissement).

Le premier cas de choléra a été constaté le 8 novembre chez une dame Léger, âgée de trente ans, blanchisseuse, demeurant rue des Chaufourniers, n° 7. Le logement fut désinfecté par les soins du commissaire de police après le transport de la malade à l'hôpital, où cette femme est morte le 24 novembre, soit après seize jours de maladie. Le second cas se produisait le 10 : ce jour-là, un sieur Boucher, trente-huit ans, cordonnier, demeurant au n° 18 de la même rue, atteint depuis trois jours de diarrhée prémonitoire, était transporté à l'hôpital où il mourait le 11. La désinfection fut faite également par le commissaire de police. Le 12, un sieur Villebois, âgé de trente-trois ans, charretier, demeurant au n° 22, atteint depuis deux jours de vomissements et de crampes, mourait à 7 heures du matin; une de ses voisines, la dame veuve Mathieu, âgée de cinquante-six ans, atteinte également depuis quelques jours, succombait à midi. Comme dans les autres cas, le commissaire de police faisait opérer la désinfection.

L'épidémie, on le voit, a pris, dès le début, d'assez graves proportions dans cette rue; mais il faut dire que la population qu'elle atteignait, était des plus misérables et vivait dans de déplorables conditions d'hygiène.

Voici le relevé des décès constatés rue des Chaufourniers et passage Puébla pendant le mois de novembre 1884 :

Rue des Chaufourniers. (Longueur : 320 mètres.) Numéros des maisons occupées par les décédés :		*Passage Puébla.* (Longueur : 113 mètres.) Numéros des maisons occupées par les décédés :	
7	18	3	14
13	20	5	
23	22	9	
31	24		
33	42		
Soit 11 décès.		Soit 4 décès.	

Dans le quartier des Enfants-Rouges (IIIe arrondissement), il s'est produit quatorze décès par choléra : deux rue Dupetit-Thouars, un rue de Saintonge, un rue de Bretagne, un rue Pastourelle, un rue Charlot, et huit rue de Picardie.

Dans cette dernière rue (longueur 239 mètres), on a compté sept maisons contaminées : les numéros 11, 13, 6 (deux décès), 10, 14, 18 et 22.

Le premier cas constaté dans le quartier s'est produit le 7 novembre. Une femme S..., concierge, rue Dupetit-Thouars, n° 4, est décédée assez rapidement. Les docteurs Lavallée et Filleau, médecins délégués, ont, de concert avec le commissaire de police du quartier, fait désinfecter l'appartement et immerger le linge dans une solution de chlorure de zinc. Le mari est allé loger chez des amis pendant quelques jours. Le 8, un second cas se produisait rue de Picardie, n° 13; une femme B..., âgée de vingt-cinq ans, brunisseuse, demeurant au quatrième avec son mari et un enfant âgé de quatre ans, fut conduite à l'hôpital où elle mourut le 9. En même temps, au n° 18 de la rue de Picardie, une femme C..., âgée de cinquante-sept ans, fruitière, était atteinte. Le docteur Filleau constata chez elle le choléra confirmé, et elle fut transportée immédiatement à l'hôpital, où elle succomba le 15. La désinfection des linges, de la literie, des plombs et des cabinets fut faite aux numéros 13 et 18, par les soins du commissaire de police.

Les quatre rues ci-après sont habitées en partie par des chiffonniers; elles forment l'agglomération la plus éprouvée de Paris :

Rue Basfroi. (Longueur : 386 m.)		*Rue Sainte-Marguerite.* (Longueur 290 m.)		*Rue de Charonne* (1).		*Rue Godefroy-Cavaignac* (Longueur : 405 m.)	
19	10	9	10	33	12	10	
29	18	11	20 (2 décès)	37	30	14 (3 décès)	
31	20	15 (3 décès)	24	45	62	22	
39	26 (4 décès)	19	30	51	74	26 (2 décès)	
41	28 (3 décès)	21	32	57 (2 décès)			
47	44 (2 décès)	25 (7 décès)	36				
	50	27 (4 décès)	40 (2 décès)				
		31 (2 décès)	44				
Soit : 19 décès.		Soit : 26 décès.		Soit : 10 décès.		Soit : 7 décès.	

Dans ces quatre rues seulement, il s'est produit soixante-deux décès, et tout autour. par exemple passage de la Main-d'Or, passage d'Alleray et rue Keller, d'autres cas suivis de mort ont également été constatés.

Les trois premiers cas signalés rue Sainte-Marguerite sont ceux des sieurs Dubois (n° 21), Loquet (n° 11) et Waeger (n° 40). Ces trois malades furent atteints dans la soirée du 5 novembre. M. le docteur Mouton, médecin délégué, se rendit en hâte auprès d'eux, assisté de M. Lejain, commissaire de police, et ils y furent bientôt rejoints par M. le Préfet de Police et M. le docteur Dujardin-Beaumetz.

Dubois, chiffonnier, âgé de vingt-trois ans, fut transporté à

(1) Cette rue a, de la rue Saint-Antoine à la rue Richard-Lenoir, environ 700 mètres.

l'hôpital Saint-Antoine, vers 5 heures. Il est mort le 6 à 4 heures du matin. Dès son départ, sa chambre fut lavée au sulfate de cuivre et désinfectée par des fumigations d'acide sulfureux. La maison, y compris l'escalier et la cour, fut ensuite nettoyée à fond. Il ne s'y est produit ultérieurement qu'un autre cas de choléra, mais sans gravité.

Loquet, âgé de cinquante-deux ans, sculpteur sans ouvrage, et alors chiffonnier, fut atteint vers 7 heures, et transporté à Saint-Antoine, où il mourut le 6, à 6 heures du matin. Sa chambre fut désinfectée et la maison nettoyée. Le 7 novembre, une femme âgée de cinquante-cinq ans, habitant une chambre voisine de celle de Loquet, fut prise à son tour de symptômes caractéristiques. Elle fut envoyée à l'hôpital et guérit. Son logement fut soumis aux mêmes mesures d'assainissement.

Waeger, maçon, âgé de trente-six ans, couchait dans une chambrée avec quatre de ses camarades que le Préfet fit installer dans une autre pièce de la même maison, et dont aucun ne fut atteint. Waeger mourut le 10. Ici, comme dans les deux autres immeubles, la désinfection fut faite avec le plus grand soin par les agents détachés du service des Pompes funèbres et par le garçon de bureau du commissariat de police.

Dans le quartier de la Roquette où soixante décès par choléra se sont produits, soit 9.64 pour 10,000 habitants, on n'a constaté aucun foyer contagieux caractérisé. Les cas se sont répartis sur l'ensemble du quartier. Du reste, dans presque tous les cas signalés, M. le docteur Signez, médecin délégué, a fait parvenir au Préfet de Police des rapports détaillés. Partout, assisté de M. Baron, commissaire de police, il a fait exécuter les mesures de désinfection prescrites.

Sur les quatre quartiers qui composent le XXe arrondissement, le quartier des Quinze-Vingts, qui touche au quartier Sainte-Marguerite, a seul été sérieusement atteint. L'épidémie paraît avoir débuté presque simultanément rue de Charenton et dans l'impasse Guillaumot.

Cette impasse est habitée surtout par des Italiens pauvres journaliers, musiciens ambulants, qui vivent dans les plus déplorables conditions d'hygiène. Le 5 novembre, à 4 heures du soir, une femme Rabajotti, âgée de trente et un ans, journalière, demeurant avec son mari et ses deux enfants, au numéro 3 de l'impasse Guillaumot, était prise de vomissements; à 6 heures, son état empirait et elle mourait le lendemain matin à 7 heures, après quinze heures de maladie. Cette femme n'était à Paris que depuis quatre mois; elle arrivait de Bardi (province de Parme); à l'époque de son départ, le choléra n'existait pas encore en Italie. Toutes les mesures de désinfection prescrites ont été prises dans la chambre où est morte cette femme, sous la direction de M. le docteur Antonin Martin, médecin délégué, assisté du commissaire de police.

Presque en même temps, un autre cas de choléra se produisait rue de Charenton, 110, chez un jeune homme âgé de dix-neuf ans, employé de commerce, le sieur Guézard, sans place depuis quelque temps. Rentré bien portant le 5, à 6 heures du soir, il était pris vers minuit de diarrhée, de vomissements et de crampes; son état s'aggravait rapidement et, transporté à l'hôpital, il y mourait le 6. Le Préfet de Police et le docteur Dujardin-Beaumetz firent déménager immédiatement et installer dans un autre logement sa famille, composée du père, de la mère et de deux jeunes enfants : ces quatre personnes furent atteintes deux jours après de diarrhée, mais la maladie fut légère et personne ne succomba.

Dans le XIIe arrondissement, les passages Brunoy et Raguinot, qui sont contigus, ont été l'un et l'autre contaminés :

Passage Brunoy (longueur : 165 mètres). Numéros des maisons occupées par les décédés : 3, 5, 2, 4, 20, 22, 24; soit sept décès.

Passage Raguinot (longueur : 205 mètres). Numéros des maisons occupées par les décédés : 7, 25, 16 (deux décès); soit quatre décès.

Dans le IIe arrondissement, entre la rue d'Aboukir, le passage du Caire et la rue Saint-Denis, le choléra a formé également un petit foyer : la rue des Filles-Dieu, qui n'a que 170 mètres de longueur, compte quatre décès aux numéros 13, 25, 27, 31; rue Saint-Spire, il s'est produit un décès; passage Sainte-Foy, il s'en est produit trois.

Le point de Paris le plus cruellement atteint est l'hospice de vieillards tenu par les petites sœurs des pauvres, avenue de Breteuil, 72, quartier de l'École-Militaire (VIIe arrondissement).

Cet établissement, dit le règlement, a pour but de donner un asile gratuit aux vieillards des deux sexes en recueillant chaque jour, par des quêtes à domicile, les vivres, la desserte des tables, les dons de tous genres. Les conditions d'admission sont d'être âgé d'au moins soixante ans et d'être privé de tout moyen d'existence.

Le 8 novembre, l'hospice de l'avenue de Breteuil contenait deux cent dix-sept vieillards.

Dans cet établissement sont morts successivement, du 8 au 18 novembre, soixante-cinq vieillards (quarante-sept hommes, dix-huit femmes) et deux sœurs. Quatorze autres cholériques ont été guéris.

Le tableau suivant, que nous devons à MM. les docteurs Fodéré et Tisne, indique, pour chaque malade, son âge, la date des débuts de la maladie, l'époque de la terminaison, ainsi que la date de la dernière sortie du vieillard et l'adresse de ses parents.

Nos D'ORDRE DES DÉCÈS	AGE	SEXE	DATES DES DÉBUTS DE LA MALADIE	DATES DE LA TERMINAISON	DATE de la DERNIÈRE SORTIE	ADRESSES DES PARENTS
1	79	M	8 nov. 6 h. soir	8 nov. 10 h. soir	6 nov.	»
2	69	M	8 nov. 9 h. soir	8 nov. minuit	»	»
3	78	M	nuit du 8 au 9	nuit du 8 au 9.	»	»
4	68	M	—	—	6 nov.	»
5	72	M	—	—	»	»
6	65	F	—	—	8 nov.	»
7	82	F	—	—	»	»
8	71	M	—	9 novembre	»	101, r. Saint-Dominique.
9	85	M	—	—	»	rue Parmentier.
10	68	M	—	—	6 nov.	»
11	70	F	—	—	»	rue Lécuyer, 12, à Aubervilliers.
12	78	F	—	—	»	»
13	80	M	—	—	»	36, rue Clerc.
14	65	M	—	—	6 nov.	quai de la Mégisserie.
15	71	M	—	—	—	place de la Bourse.
16	69	M	7 novembre soir	nuit du 9 nov.	—	rue des Abbesses.
17	74	M	nuit du 8 au 9	—	—	rue Roussin.
18	68	M	—	—	—	Vanves.
19	72	M	—	—	—	»
20	80	F	9 novembre	—	»	rue du Pont-de-Lodi.
21	79	M	—	—	6 nov.	»
22	77	M	—	—	»	»
23	73	M	—	—	6 nov.	»
24	71	M	—	—	—	60, rue du Commerce.
25	84	F	9 nov. 2 h. soir	9 nov. minuit	—	»
26	70	M	9 nov. 8 h. matin	10 novembre	—	»
27	64	M	9 nov. 11 h. mat.	—	—	rue Guisarde.
28	71	M	9 novembre matin	—	—	»
29	68	M	9 nov. 8 h. mat.	—	—	»
30	67	M	nuit du 8 au 9	—	—	9, passage Jean-Nicot
31	73	F	—	—	—	»
32	67	M	—	—	—	»
33	77	M	—	—	—	»
34	74	M	9 novembre matin	—	—	20, boulevard Montparnasse.
35	84	F	nuit du 8 au 9	—	8 nov.	»
36	67	F	10 novembre	—	»	»
37	76	F	—	—	»	Visitée par des parents venus de la rue de Belleville, 79.
38	90	F	10 novembre soir	nuit du 10 au 11	6 nov.	»
39	71	F	10 novembre	—	—	»
40	74	M	nuit du 9 au 10	—	—	»
41	73	M	10 novembre	—	—	»
42	69	M	—	—	»	»
43	72	M	—	—	»	»
44	65	M	—	—	»	»
45	89	M	10 novembre soir	—	»	»
46	72	F	—	—	»	»
47	72	F	nuit du 10 au 11	—	»	»
48	73	F	10 novembre	—	»	»
49	78	M	nuit du 10 au 11	11 novembre	»	»

Nos D'ORDRE DES DÉCÈS	AGE	SEXE	DATES DES DÉBUTS DE LA MALADIE	DATES DE LA TERMINAISON	DATE de la DERNIÈRE SORTIE	ADRESSES DES PARENTS
50	76	M	11 nov. 8 h. mat.	11 novembre midi	»	»
51	76	M	10 novembre	11 novembre	6 nov.	»
52	73	M	9 novembre	12 —	6 nov.	»
53	84	F	11 novembre	12 —	»	»
54	71	F	—	13 —	»	22, rue du Petit-Musc
55	71	M	9 novembre	13 —	6 nov.	18, rue Dauphine.
56	58	F	12 nov. 3 h. soir	13 nov. 9 h. mat.	»	(Sœur).
57	59	M	10 novembre	13 novembre	»	»
58	82	F	nuit du 12 au 13	13 —	»	»
59	76	M	10 novembre	14 —	6 nov.	rue Rodier.
60	49	F	13 nov. 4 h. soir	14 nov. 8 h. mat.	»	(Sœur)
61	86	F	13 novembre	14 novembre	»	»
62	74	M	10 —	15 —	6 nov.	9, rue Fondary.
63	79	M	11 —	15 —	»	»
64	79	F	13 —	15 —	»	r Lepelletier, 16 (visitee).
65	75	M	14 —	16 —	6 nov.	»
66	58	M	15 nov. 8 h. mat.	16 nov. 1 h. soir	»	»
67	60	F	nuit du 15 au 16	nuit du 17 au 18 (2 h. matin)	»	»

Le premier atteint est le sieur Flaux, mentionné plus haut sous le numéro 16. Cet homme avait eu un commencement de diarrhée le 7. Sur dix-huit malades pris dans la nuit du 8 au 9, sept vieillards couchaient dans le même dortoir que lui, et quatre couchaient dans un dortoir donnant sur le même palier. Le dortoir dans lequel se trouvait le sieur Flaux comprenait quinze lits, et trois pensionnaires seulement ont survécu.

Sur l'avis de M. le docteur Dujardin-Beaumetz, le Préfet de Police interdit dès le 9 novembre toute sortie et toute visite, et, le lendemain, il faisait établir dans le jardin de l'hospice une tente Tollet de vingt lits, et une tente Couette de quatre lits pour faciliter l'isolement des malades et la désinfection. Cette désinfection fut faite dans les divers dortoirs contaminés par des fumigations d'acide sulfureux; des lavages au chlorure de zinc furent ordonnés. D'ailleurs, du 9 au 20 novembre, MM. le docteur Audigé et le docteur Watelet, médecins délégués, firent avec le commissaire de police du quartier de fréquentes visites de l'établissement pour s'assurer que toutes les mesures nécessaires continuaient d'y être prises.

Le dernier décès constaté avenue de Breteuil date du 20 novembre. Il s'agissait d'un vieillard (quatre-vingt-dix ans) atteint d'accidents cholériformes pendant les premiers jours de l'épidémie, puis guéri, qui a succombé à l'épuisement consécutif à ces accidents.

Pendant le mois de novembre 1884, vingt-six cas de choléra, dont huit suivis de décès, se sont produits dans diverses prisons de Paris.

Ces cas se répartissent ainsi :

Cinq au Dépôt de la Préfecture de Police, aux dates ci-après :

2 le 11 novembre;
1 le 13 —
2 le 14 —

Dix-sept à la prison de la Santé, savoir :

1 le 14 novembre;
3 le 18 —
2 le 19 —
1 le 20 —
1 le 21 —
1 le 23 —
5 le 24 —
1 le 25 —
1 le 26 —
1 le 29 —

Quatre à Sainte-Pélagie :

2 le 20 novembre;
1 le 22 —
1 le 23 —

Dès l'apparition de la maladie, toutes les mesures d'isolement des malades et de désinfection ont été prises.

A la prison de la Santé, l'infirmerie spéciale de cet établissement ne présentant pas des conditions d'isolement suffisantes, une tente Tollet de vingt lits fut construite. On y transporta les cholériques de la prison, et deux des malades de Sainte-Pélagie y furent conduits.

Avant la fin du mois de novembre, l'épidémie était enrayée dans les prisons.

MOIS DE DÉCEMBRE

Comme on pouvait le prévoir, l'épidémie n'a plus fait en décembre que de rares victimes.

A Paris, on n'a compté, pendant le mois, que dix-neuf décès par choléra, savoir :

1er décembre.	4 décès.
2 —	3 —
4 —	1 —
5 —	3 —
9 —	2 —
10 —	2 —
11 —	1 —
14 —	1 —
18 —	1 —
31 —	1 —
	19 décès.

En outre, deux décès par diarrhée cholériforme ont été constatés, l'un le 3 et l'autre le 7 décembre.

Les arrondissements atteints pendant cette période sont les suivants : Ier, Xe, XIe, XIIe, XIIIe, XIVe, XVe et XIXe.

Le XIe arrondissement, si gravement atteint pendant le mois de novembre, n'a eu que cinq décès en décembre.

Les XIIe, XVe et XIXe ont eu chacun trois décès.

Dans la banlieue, on a constaté trente-sept décès par choléra ou diarrhée cholériforme, répartis ainsi qu'il suit :

Aubervilliers	6
Asnières.	1
Boulogne	1
Clichy.	1
Puteaux	1
Saint-Denis.	20
Saint-Ouen.	2
Levallois-Perret	1
Issy.	1
Maisons-Alfort	1
Nogent-sur-Marne.	1
Vincennes	1

La plupart de ces cas sont restés isolés; cependant on a pu constater deux foyers épidémiques : l'un à Aubervilliers, l'autre à Saint-Denis.

A Aubervilliers, passage Nicolas, 18, habitait une famille très malheureuse, composée de six personnes : la veuve Allard, âgée de trente-cinq ans, belle-mère de six enfants, trois filles de dix-huit, dix-sept et quinze ans, et deux garçons de dix et six ans. L'aînée des filles, âgée de vingt-trois ans, mariée, habitait au numéro 20 du même passage.

Le 10 décembre, une des jeunes filles, Barbe, âgée de quinze ans, fut prise dans la nuit de diarrhée, de crampes et de vomissements. La malade restait affaiblie toute la journée du 11 et mourait le soir. Sa sœur Catherine, âgée de dix-sept ans, avait été atteinte le 9 de diarrhée ; le 10 au soir, elle éprouvait comme Barbe des vomissements et des crampes; le 12, elle fut transportée à l'hôpital, où elle guérit. Par les soins du commissaire de police, la mère et les trois enfants qui restaient furent logés en garni rue du Vivier, 5, et le local contaminé fut désinfecté. Le 13, vers 4 heures du soir, dans son nouveau logement, la veuve Allard tomba malade à son tour : elle fut conduite le même jour à l'hôpital où elle mourut le 17. Après son transport, la chambre fut immédiatement désinfectée et fermée. Les trois enfants allèrent habiter chez leur sœur aînée, la dame Egloff, demeurant passage Saint-Nicolas, 20. Le lendemain, 14, vers 3 heures du matin, l'aîné des garçons, François, âgé de dix ans, se plaignait de violentes douleurs dans le ventre, et éprouvait de la diarrhée, des vomissements et des crampes principalement dans les poignets. A 9 heures, le docteur Michaux, médecin délégué, constatait l'aggravation des symptômes. L'après-midi, l'enfant était transporté à l'hôpital, où il mourait le 22. Le 16, son jeune frère, âgé de six ans, était pris dans la nuit de coliques avec diarrhée et vomissements : il fut dans la journée transporté à l'hôpital. La dame Egloff ressentait le même jour des symptômes cholériformes : douleurs abdominales, crampes, vomissements ; mais la maladie disparaissait bientôt. Des sept personnes composant cette famille, trois sont décédées, et une seule n'a pas été atteinte par l'épidémie, bien qu'ayant été en contact presque journalier avec les malades.

Un autre foyer épidémique s'est manifesté pendant le mois de décembre dans la Maison de Répression de Saint-Denis : vingt-huit détenus furent atteints du choléra, du 28 novembre au 22 décembre.

Bien que la population du dépôt, qui compte plus de mille individus, soit composée d'hommes et de femmes, le choléra n'a frappé que les hommes.

Le tableau suivant donne quelques détails sur les détenus qui ont été atteints du choléra.

N°s D'ORDRE	AGE	DATE DE L'ENTRÉE AU DÉPÔT	DATES DU COMMENCEMENT DE LA MALADIE	DU DÉCÈS	DE LA GUÉRISON	ATELIER AUQUEL APPARTENAIENT LES DÉTENUS DANS LA PRISON
1	47 ans	31 octobre 1884.	20 novembre 1884.	»	14 décembre 1884.	Cuir.
2	63 —	27 octobre 1884.	8 décembre 1884.	8 décembre 1884.	»	Charpie.
3	66 —	29 octobre 1884.	8 —	9 —	»	»
4	76 —	15 mai 1884.	9 —	9 —	»	»
5	45 —	2 octobre 1884.	9 —	16 —	»	Rotins.
6	60 —	7 octobre 1884.	11 —	11 —	»	Charpie.
7	66 —	10 juillet 1884.	11 —	11 —	»	—
8	37 —	23 août 1884.	10 —	10 —	»	Auxiliaire à l'Infirmerie.
9	74 —	21 mai 1884.	11 —	12 —	»	»
10	64 —	13 octobre 1884.	12 —	12 —	»	»
11	45 —	22 octobre 1884.	12 —	17 —	»	»
12	65 —	24 octobre 1884.	12 —	»	3 janvier 1885.	»
13	37 —	22 novembre 1884.	13 —	»	23 décembre 1884.	»
14	64 —	12 janvier 1884.	14 —	14 —	»	»
15	66 —	31 octobre 1884.	14 —	15 —	»	»
16	31 —	31 octobre 1884.	14 —	»	3 janvier 1885.	Laine.
17	62 —	8 mai 1884.	15 —	»	3 —	»
18	65 —	18 octobre 1884.	15 —	22 —	»	Cordonnier.
19	65 —	18 octobre 1883.	15 —	18 —	»	Chiffons.
20	38 —	30 octobre 1884.	15 —	»	27 décembre 1884.	Cordonnier.
21	48 —	22 août 1884.	16 —	21 —	»	Laine.
22	26 —	3 décembre 1884.	16 —	16 —	»	Rotins.
23	21 —	13 août 1884.	18 —	18 —	»	Cuirs.
24	67 —	29 août 1883.	18 —	19 —	»	»
25	70 —	19 novembre 1884.	21 —	»	23 décembre 1884.	»
26	56 —	12 juin 1884.	22 —	23 —	»	»
27	67 —	25 septembre 1884.	22 —	22 —	»	Tailleur.
28	49 —	5 janvier 1884.	22 —	»	3 janvier 1885.	—

Comme on le voit,. sur vingt-huit détenus atteints vingt ont succombé.

Plusieurs des détenus qui sont indiqués dans ce tableau comme tailleurs ou découpeurs de drap ne travaillaient pas en réalité. L'atelier des draps avait en effet été fermé par mesure de prudence le 17 novembre, et celui des tailleurs le 22.

Les malades ont été isolés dans des salles spéciales que l'Administration avait fait préparer dès le mois de juillet. De plus, dans la crainte d'une extension possible de l'épidémie, la tente Tollet, qui avait servi à l'Asile de l'avenue de Breteuil, avait été transportée à Saint-Denis, après une minutieuse désinfection. Son emploi n'a pas été nécessaire.

Dès le 19 novembre, par conséquent avant l'apparition du fléau, quatre visites médicales ont eu lieu chaque jour : la première, à 8 heures du matin, par M. Gurlié, interne ; la seconde, à 11 heures, par M. le docteur Feltz ; la troisième, à 4 heures du soir, soit par M. le docteur Feltz, soit par M. le docteur Izenard ; et la dernière, le soir, par l'interne.

Pour renforcer ce personnel, un interne en médecine, M. Rummeau, fut nommé à titre provisoire.

Le 12 décembre, le Préfet de Police visita la Maison de Répression pour s'assurer des mesures prises, de l'état des malades et de la situation sanitaire de l'établissement. Il donna l'ordre d'améliorer le régime alimentaire, et de distribuer deux fois par jour des rations de rhum.

Enfin, à partir du 18 décembre, tous les reclus possédant quelque pécule et se trouvant suffisamment valides pour sortir furent mis en liberté, et, jusqu'à la disparition complète de l'épidémie, aucune admission nouvelle n'a eu lieu à la Maison de Répression de Saint-Denis.

Le 3 janvier, il n'y avait plus aucun malade.

En somme, l'épidémie cholérique à Paris a été relativement bénigne, soit au point de vue de sa durée, soit au point de vue des personnes atteintes. En moins d'un mois, l'épidémie a eu sa période ascensionnelle et son déclin : commencée le 4 novembre, elle n'a fait pendant les cinq derniers jours du mois que trente-quatre victimes. Le nombre total des décès cholériques du 4 au 30 s'est élevé à 913, soit 4.07 par 10,000 habitants.

Ces chiffres sont peu élevés si on les compare à ceux des épidémies cholériques antérieures et même à ceux des épidémies de fièvre typhoïde.

Pendant l'ensemble de l'année 1882, la fièvre typhoïde a causé, à Paris, 3,298 décès. Pendant le mois d'octobre, où le mal a été le plus étendu, on a constaté à Paris 926 décès typhoïdiques, soit 4.13 par 10,000 habitants.

RELEVÉ DES DÉCÈS PENDANT LES PRÉCÉDENTES ÉPIDÉMIES CHOLÉRIQUES A PARIS

Le relevé ci-après des décès cholériques constatés à Paris en 1832, en 1849, en 1853-54, en 1865-66, et en 1873, facilitera la comparaison entre l'épidémie actuelle et les précédentes.

Épidémie cholérique de 1832.

Période	Mois	Décès	Total
1re Période Invasion.	Mars (à partir du 26)	90	13.901 décès.
	Avril	12.733	
	Mai	812	
	Juin (du 1er au 15)	266	
2e Période recrudescence.	Fin de Juin	602	4.501 —
	Juillet	2.573	
	Août	969	
	Septembre	357	
	Total		18.402 décès.

Épidémie de 1849.

En ville.	Mars	130	10,950 décès.
	Avril	694	
	Mai	2.426	
	Juin	5.769(1)	
	Juillet	419	
	Août	810	
	Septembre	670	
	Octobre	32	

Pendant la même période, on a compté :

Dans les hôpitaux et hospices civils.	6.905 décès.
Dans les hôpitaux militaires	1.240 —
Et aux Invalides	89 —
Le chiffre total des décès est de. . .	19.184 décès.

Épidémie de 1853-1854.

1853. —	Novembre (à partir du 7). .	151	7.626 décès.
	Décembre	518	
1854. —	Janvier	30	
	Février	3	
	Mars	92	
	Avril	429	
	Mai	320	
	Juin	938	
	Juillet	1.121	
	Août	2.396	
	Septembre	848	
	Octobre	500	
	Novembre	129	
	Décembre	151	

(1) Dont 3,537 pour les dix premiers jours.

Épidémie de 1865-1866.

1re Période. — Du 24 août 1865 au 11 janvier 1866 . . . . 5.751 décès.

Dont 3,724 à domicile,

Et 2,027 dans les hôpitaux.

Le maximum journalier s'est produit le 14 octobre, avec 225 décès.

173 jours séparent la première de la seconde période.

2e Période. — Du 3 juillet 1866 au 29 novembre 1866 . . . . 5.257 —

Dont 3,458 à domicile.

Et 1,799 dans les hôpitaux.

Le maximum journalier se produit le 7 août, avec 142 décès.

Total des décès 1865-66. . . . . . . 11.008 décès.

Épidémie cholérique de 1873 (1).

Du 4 septembre au 30 novembre.	854 décès.
Savoir : Septembre.	564 —
Octobre.	267 —
Novembre	23 —

(1) Il est bon de faire remarquer que la population de Paris s'élevait, d'après les divers recensements, en :

1831 à 785,862 habitants.
1846 à 1,053,897 —
1851 à 1,053,262 — (l'annexion était faite.)
1866 à 1,825,274 —
1872 à 1,851,792 —

D'après le dénombrement de 1881, le chiffre de la population est de 2,239,928 habitants.

IV

MESURES GÉNÉRALES DE SALUBRITÉ

En même temps que le Préfet de Police prenait des dispositions pour combattre la propagation du choléra, il exigeait des divers services de salubrité qui relèvent de son administration un redoublement d'activité.

Les notes ci-après, concernant :

La salubrité des habitations particulières et des voies privées ;

La salubrité des garnis ;

Les établissements dangereux, insalubres et incommodes ;

Et le transport des matières insalubres par bateaux, par voitures ou par chemins de fer;

Résument ce qui a été fait de ces divers côtés pendant le second semestre de 1884.

SALUBRITÉ DES HABITATIONS PRIVÉES

Les Commissions d'hygiène instituées dans chaque arrondissement en vertu du décret du 15 décembre 1851, sous la présidence des maires de Paris, furent, tout d'abord, convoquées par le Préfet de Police. Elles sont, en effet, « appelées à prendre part à l'exécution des mesures extraordinaires qui peuvent être ordonnées pour combattre les maladies ou pour procurer de prompts secours aux personnes qui en seraient atteintes. »

Par une circulaire du 28 juin 1884, le Préfet pria les membres des Commissions de visiter d'office, et de lui signaler les immeubles pouvant présenter des causes particulières d'insalubrité dans leurs arrondissements respectifs. Cette inspection ne pouvait, d'ailleurs, faire craindre des difficultés de la part des habitants.

On sait, en effet, que ces visites se font d'une façon courante, et même que l'intervention personnelle des membres des Commissions suffit, le plus souvent, à obtenir des améliorations. De plus, ainsi que le Préfet l'a rappelé aux municipalités dans une circulaire du 27 février 1878, la Cour de cassation a reconnu par un arrêté du 24 mars 1866 que les officiers municipaux ont toujours le droit d'entrer pendant le jour dans le domicile des citoyens pour les objets spécialement déterminés par la loi, et, notamment, pour toute question de police, *de salubrité* et de sécurité publiques. confiés par elle à leur vigilance.

Pour donner aux travaux des Commissions d'hygiène une nouvelle impulsion, le Préfet de Police adressait le 24 juillet la circulaire suivante aux maires de Paris.

Monsieur le Maire,

Par dépêche du 28 juin dernier, j'ai eu l'honneur de vous prier d'inviter Messieurs les membres de la Commission d'hygiène que vous présidez à s'occuper activement de toutes les questions d'hygiène pratique que soulèvent les circonstances actuelles, et notamment à visiter les immeubles qui seraient plus particulièrement signalés comme présentant des causes d'insalubrité.

La Commission d'hygiène s'est empressée de répondre à l'appel qui lui était fait, et je n'ai pas tardé à recevoir une série de rapports ou de notes résumant ces constatations, lesquelles m'ont permis d'assurer sur beaucoup de points le respect des prescriptions de l'hygiène. Mais, afin de faciliter sa tâche et d'imprimer une impulsion plus vive encore à ses travaux, j'ai pensé qu'il pourrait être utile de renforcer momentanément la Commission par l'adjonction d'un certain nombre de personnes, naturellement désignées par leurs fonctions ou leurs connaissances scientifiques.

Je vous serais obligé, Monsieur le Maire, de convoquer aux réunions de la Commission :

Les membres du Conseil municipal élus dans votre arrondissement;

Les membres de la Commission des logements insalubres désignés pour votre arrondissement;

Les médecins du Bureau de bienfaisance de l'État civil et de l'Inspection des écoles;

Enfin, divers membres de la Délégation cantonale, de la Caisse des écoles et du Bureau de bienfaisance.

Nul doute, Monsieur le Maire, que le concours de ces membres temporaires ne soit utile à l'œuvre des Commissions d'hygiène.

Vous n'ignorez pas du reste que, de mon côté et depuis longtemps déjà, j'ai chargé les divers services techniques de mon administration de veiller d'une manière toute particulière à l'exécution des règlements concernant la salubrité publique. Le service des Architectes de la Préfecture de Police, l'inspection des établissements classés, le Laboratoire municipal, l'inspection de la Salubrité des garnis, l'inspection du Travail des enfants dans les ateliers, l'inspection des Halles, l'inspection de la Navigation, l'inspection de la Boucherie, etc., etc , assurent, chacun en ce qui le concerne, l'observation des lois et ordonnances spéciales. La Commission d'hygiène qui, aux termes de l'arrêté du 18 décembre 1848 et du décret du 15 décembre 1851, a le droit et le devoir de veiller à l'ensemble des causes d'insalubrité, trouvera au besoin dans ces divers services des auxiliaires sur le dévouement desquels elle peut absolument compter.

Agréez, Monsieur le Maire, l'assurance de ma considération très distinguée.

Le Préfet de Police,

E. CAMESCASSE.

En même temps, le Préfet adressait aux commissaires de police la circulaire suivante :

Paris, le 7 juillet 1884.

MESSIEURS, aux termes d'une ordonnance de police du 23 novembre 1853, dont j'ai, ces jours derniers, rappelé au public par affiches les principales dispositions, les maisons doivent être tenues, tant à l'intérieur qu'à l'extérieur, en constant état de propreté; l'écoulement des eaux ménagères doit être assuré par des tuyaux et cuvettes nettoyés fréquemment ; enfin, il est défendu de jeter ou de déposer dans les cours, allées et passages, aucune matière pouvant entretenir l'humidité ou donner de mauvaises odeurs, et les cabinets d'aisances doivent présenter les meilleures conditions de salubrité.

Dans les circonstances actuelles, bien qu'il soit permis d'espérer que l'état sanitaire de Paris, excellent en ce moment, ne sera pas compromis, il est indispensable d'appliquer aussi strictement que possible, cette réglementation.

D'autre part, comme vous le savez, mon administration est armée en matière de salubrité publique par les ordonnances des 20 août 1811, concernant la viabilité des voies privées, du 10 juillet 1871, sur la clôture des terrains qui bordent la voie publique, et du 25 août 1880, relativement à l'élevage des animaux domestiques dans Paris. Les prescriptions de ces ordonnances sollicitent également, en ce moment, notre plus sérieuse attention.

Je vous prie de me signaler surtout, et de visiter personnellement les immeubles de vos quartiers respectifs qui renferment une population nombreuse, accumulée, souvent logée par chambrée, et où il pourrait être nécessaire de prescrire des mesures de salubrité rentrant dans les textes ci-dessus.

L'Inspection de la salubrité des garnis et l'Inspection des établissements classés qui ont, en ce qui les concerne, reçu des instructions spéciales, redoublent de zèle dans l'accomplissement de leur mission ; mais il est des immeubles dont la visite ne leur incombe pas, et qu'elles ne peuvent atteindre : des cours, passages ou impasses, des logements plus ou moins meublés, dans lesquels les épidémies trouvent un champ d'action facile. La connaissance que vous avez de vos quartiers vous permettra de vous rendre sans retard sur ces points où il est le plus urgent de se mettre en état de défense.

Au besoin, Messieurs, vous m'indiquerez les travaux sommaires qu'il y aurait lieu de faire exécuter ; sur votre demande, un architecte de la Préfecture de Police pourrait vous prêter en cette matière le concours de son expérience. Mais je ne doute pas que votre intervention officieuse ne suffise presque partout, si vous lui imprimez, comme j'en ai la confiance, un caractère particulier de fermeté.

Recevez, Messieurs, l'assurance de ma parfaite considération.

Le Préfet de Police,

E. CAMESCASSE.

De leur côté, les services spéciaux de la Préfecture de Police : les inspecteurs des établissements classés, les architectes de la Préfecture de Police, les inspecteurs de la Navigation, les inspecteurs et inspectrices du Travail des enfants employés dans l'industrie, recevaient des instructions leur recommandant d'aviser l'Administration des causes d'insalubrité qu'ils pourraient constater dans leur service.

De toutes parts affluèrent des rapports et des plaintes. La Préfecture en reçut plus de deux mille du 1er juillet au 1er novembre. Celles qui contenaient des réclamations concernant des causes d'insalubrité inhérentes à un vice de construction, et qui pouvaient rentrer dans les attributions de la commission des logements insalubres, étaient, pour la plupart, renvoyées à la Préfecture de la Seine. Les autres, et c'est le très grand nombre, ont donné lieu à des injonctions faites par les commissaires de police, d'avoir à se conformer aux prescriptions de l'ordonnance de police du 23 novembre 1853. Des procès-verbaux ont été dressés contre les contrevenants et transmis au tribunal de simple police.

Dès le début de l'épidémie, la Préfecture de Police n'a pas continué à transmettre à la Commission des logements insalubres les affaires qui, aux termes de la loi du 13 avril 1850, auraient justifié son intervention.

Le titre XI de la loi des 16-24 août 1790 et l'article 23 de l'arrêté des Consuls du 12 messidor an VIII chargent, en effet, le Préfet de Police de prendre toutes les mesures de nature à assurer la salubrité de la cité. Or, il était nécessaire de profiter de ces dispositions qui permettaient d'arriver plus rapidement, qu'en suivant la procédure indiquée par la loi de 1850 à l'exécution des améliorations reconnues urgentes. Cette manière de procéder était d'ailleurs conforme à un avis du Conseil d'État du 9 juin 1870, qui a déterminé ainsi qu'il suit le départ d'attributions entre les deux préfectures en matière de salubrité :

« Considérant qu'à Paris, où il existe une Commission des logements insalubres et un Préfet de Police, leurs attributions respectives doivent, suivant les lois et règlements susvisés, être exercées en ce sens :

» 1° Que le Conseil municipal est appelé sur le rapport de la

Commission, à prescrire toutes les mesures et les travaux pour l'entier assainissement des logements et de leurs dépendances reconnus insalubres, tels, par exemple, que ceux tendant à modifier la disposition défectueuse des lieux loués et habités, à leur donner l'air, la lumière, l'espace nécessaires ; à assécher les murs ou le sol ; à procurer aux eaux ménagères et pluviales un libre écoulement, etc., etc. ;

» 2° Que le Préfet de Police doit prescrire dans les lieux publics, et même dans les locaux privés, toutes les mesures qui intéressent d'une manière générale la salubrité publique, et notamment ce qui concerne les encombrements, les amas d'immondices et de substances malsaines, les exhalaisons dangereuses, l'abandon des animaux morts, la visite de ceux atteints de mal contagieux, celle des échaudoirs, fondoirs, des salles de dissection, l'accumulation des eaux croupissantes, et, en général, tous les objets énumérés en l'article 23 de l'arrêté du 12 messidor an VIII, et *dans les cas urgents, tels que ceux d'épidémie ou de calamité publique, toutes autres mesures qu'exigerait l'intérêt de la santé publique.....* »

Ces dispositions ont été invoquées à diverses reprises par la Commission des logements insalubres elle-même, soit pour faire exécuter des travaux d'une urgence extrême, soit même pour faire évacuer certains immeubles.

L'arrêté ci-après, que nous reproduisons à titre d'exemple, a été pris dans ces conditions.

Arrêté prononçant l'évacuation de deux maisons reconnues insalubres.

Paris, le 12 août 1884.

Nous, Préfet de Police,

Vu :

1° La loi des 16 et 24 août 1790 ;

2° L'arrêté du gouvernement du 12 messidor, an VIII ;

3° La loi du 13 avril 1850, art. 10 ;

4° Le rapport de la Commission des logements insalubres en date du 21 juillet 1884.

5° La lettre de M. le Préfet de la Seine, en date du 25 juillet 1884;

Considérant que, au cours d'une visite pratiquée dans les immeubles sis rue Esquirol, 45 et 47, mis actuellement en location, la Commission des logements insalubres a constaté que ces immeubles se trouvent dans des conditions de nature à porter atteinte à la salubrité publique en général, et à la santé de leurs habitants en particulier;

Que, notamment,

Les logements sis au rez-de-chaussée, sur terre-plein, sont dépourvus de cheminées et présentent des murs et des plafonds souillés et noircis ; l'humidité y règne partout, et les détritus qui y sont accumulés répandent des odeurs infectes. Dans le plus haut, le carrelage est si défectueux que le balayage et le nettoyage y sont impossibles ; dans presque tous ces logements construits en matériaux de rebut, les fenêtres ferment mal.

Au fond de la cour, à droite, existent trois cabinets d'aisances à trou béant répandant des émanations insupportables. Au fond de cette même cour, à gauche, au premier étage, sont deux logements, dont l'un occupé par le sieur Guegné a pour sol une aire en plâtre inégale et se trouve insuffisamment éclairé et aéré;

Enfin, l'immeuble en totalité est insuffisamment approvisionné d'eau, en sorte que les caniveaux de la cour exhalent des odeurs fétides, en l'absence de lavages assez abondants;

Considérant, en un mot, que tous les logements susmentionnés ne sont pas susceptibles d'assainissement en l'état actuel, et qu'il y a lieu d'en interdire la location à titre d'habitation;

Arrêtons :

Article premier

Il est enjoint aux propriétaires des immeubles portant les numéros 45 et 47 de la rue Esquirol d'avoir, dans un délai de quinze jours :

I. A faire évacuer tous les locataires et concierges de ces deux maisons;

II. A effectuer les travaux d'amélioration indiqués ci-après :

1° Munir de cheminées les logements du rez-de-chaussée dont les murs et plafonds devront être nettoyés et blanchis;

2° Enlever immédiatement les détritus qui y sont accumulés;

3° Refaire le carrelage dans les logements du haut ;

4° Réparer les fenêtres qui ferment mal;

5° Débarrasser les couloirs de toutes les immondices qui les encombrent;

6° Munir les cabinets d'aisances existant au fond de la cour, à droite, d'appareils à fermeture hermétique; en réparer le sol de façon à empêcher l'écoulement des urines au dehors;

7° Carreler le sol du logement occupé par le sieur Guegné au fond de la cour à gauche ; donner à ce logement ainsi qu'à celui qui lui est contigu une aération et un éclairage suffisants;

8° Approvisionner les immeubles de la quantité d'eau nécessaire à la consommation des habitants et au nettoyage de la cour et des caniveaux.

ART. 2.

Un délai d'un mois leur est accordé pour l'exécution des prescriptions qui précèdent.

ART. 3.

Les logements ne pourront être livrés de nouveau à l'habitation qu'après que l'exécution intégrale des dites prescriptions aura été bien et dûment constatée par la Commission des logements insalubres.

ART. 4.

Le commissaire de police du quartier de la Salpêtrière est chargé de notifier à qui de droit le présent arrêté dont une ampliation sera adressée à M. le Préfet de la Seine.

Le Préfet de Police,

E. CAMESCASSE.

Les commissions d'hygiène, d'autre part, répondaient avec empressement à l'appel qui leur était fait. Beaucoup de plaintes leur avaient été également adressées par des particuliers : le bien fondé de ces plaintes était vérifié par elles, et, en cas de non-réussite de leur intervention officieuse, elles renvoyaient à la Préfecture de Police un rapport indiquant en détail les mesures qu'il convenait de prendre.

Le nombre des sommations faites ainsi s'est élevé, du 1er juillet au 25 octobre à 1,387, ainsi qu'il résulte du tableau ci-après.

Dans 1,229 cas, il a été satisfait aux injonctions faites par les commissaires de police et 158 procès-verbaux seulement ont dû être dressés.

TABLEAU

DES

Sommations faites, du 1er juillet au 25 octobre 1884, en exécution de l'ordonnance de police du 23 novembre 1853. (Salubrité des habitations.)

ARRONDISSEMENTS	QUARTIERS	NOMBRE de SOMMATIONS		NOMBRE de PROCÈS-VERBAUX dressés.		SATISFACTION donnée par les PROPRIÉTAIRES	
Ier	Saint-Germain-l'Auxerrois . .	3	41	»		3	41
	Halles.	6		»		6	
	Palais-Royal	20		»		20	
	Place-Vendôme.	12		»		12	
IIe	Gaillon	6	17	4	11	2	6
	Vivienne.	3		»		3	
	Mail.	2		1		1	
	Bonne-Nouvelle.	6		6		»	
IIIe	Arts-et-Métiers.	7	26	1	4	6	22
	Enfants-Rouges	7		2		5	
	Archives.	6		1		5	
	Sainte-Avoie.	6		»		6	
IVe	Saint-Merri	30	53	7	12	23	41
	Saint-Gervais	12		1		11	
	Arsenal	9		4		5	
	Notre-Dame	2		»		2	
Ve	Saint-Victor.	16	37	3	3	13	34
	Jardin-des-Plantes	13		»		13	
	Val-de-Grâce.	5		»		5	
	Sorbonne	3		»		3	
VIe	Monnaie.	10	45	2	4	8	41
	Odéon.	3		»		3	
	Notre-Dame-des-Champs . .	29		2		27	
	Saint-Germain-des-Prés. . .	3		»		3	
	A reporter. . .	219		34		185	

ARRONDISSEMENTS	QUARTIERS	NOMBRE de SOMMATIONS		NOMBRE de PROCÈS-VERBAUX dressés.		SATISFACTION donnée par les PROPRIÉTAIRES	
	Report. . .	219		34		185	
VIIe	Saint-Thomas-d'Aquin. . . .	4	23	1	3	3	20
	Invalides	»		»		»	
	École-Militaire.	17		2		15	
	Gros-Caillou.	2		»		2	
VIIIe	Champs-Élysées	1	5	»		1	5
	Roule.	2		»		2	
	Madeleine	1		»		1	
	Europe	1		»		1	
IXe	Saint-Georges	4	67	1	12	3	55
	Chaussée-d'Antin.	2		2		»	
	Faubourg-Montmartre. . . .	9		1		8	
	Rochechouart	52		8		44	
X^e	Saint-Vincent-de-Paul. . . .	12	41	2	14	10	27
	Porte-Saint-Denis.	13		8		5	
	Porte-Saint-Martin	12		4		8	
	Hôpital-Saint-Louis.	4		»		4	
XIe	Folie-Méricourt.	21	52	3	4	18	48
	Saint-Ambroise	19		1		18	
	Roquette.	2		»		2	
	Sainte-Marguerite.	10		»		10	
XIIe	Bel-Air	1	64	»	12	1	52
	Picpus	15		7		8	
	Bercy.	30		4		26	
	Quinze-Vingts	18		1		17	
XIIIe	Salpêtrière.	2	17	»	2	2	15
	Gare	11		2		9	
	Maison-Blanche	2		»		2	
	Croulebarbe.	2		»		2	
	A reporter. . .	488		81		407	

ARRONDISSEMENTS	QUARTIERS	NOMBRE de SOMMATIONS		NOMBRE de PROCÈS-VERBAUX dressés.		SATISFACTION donnée par les PROPRIÉTAIRES	
	Report. . . .	488		81		407	
XIVe	Montparnasse.	11	67	»	13	11	54
	Santé.	»		»		24	
	Petit-Montrouge	25		1		»	
	Plaisance	31		12		19	
XVe	Saint-Lambert.	10	652	3	23	7	629
	Javel	580		»		580	
	Necker	24		6		18	
	Grenelle.	38		14		24	
XVIe	Auteuil	11	27	»	8	11	19
	Muette	7		7		»	
	Porte-Dauphine.	3		»		3	
	Bassins	6		1		5	
XVIIe	Ternes	3	29	»	3	3	26
	Plaine-Monceaux.	4		1		3	
	Batignolles.	3		»		3	
	Épinettes	19		2		17	
XVIIIe	Grandes-Carrières.	2	61	2	13	»	48
	Clignancourt.	20		»		20	
	Goutte-d'Or	14		7		7	
	La Chapelle	25		4		21	
XIXe	La Villette.	22	33	»	4	22	29
	Pont-de-Flandre	2		»		2	
	Amérique	2		2		»	
	Combat	7		2		5	
XXe	Belleville	9	30	3	13	6	17
	Saint-Fargeau	3		3		»	
	Père-Lachaise	3		1		2	
	Charonne	15		6		9	
	Total général. . .	1.387		158		1.229	

Du 25 octobre au 1er décembre, le nombre des sommations faites n'a pas été très élevé : 166; mais proportionnellement le nombre des procès-verbaux a été plus grand, il en a été dressé 80.

Dans ces derniers temps, divers arrêtés, dont on trouvera ci-après la formule, ont interdit provisoirement l'habitation de locaux signalés comme particulièrement défectueux soit par les commissions d'hygiène, soit par la Commission des logements insalubres, soit par le service d'Architecture de la Préfecture de Police.

Paris, le 188 .

NOUS, Préfet de Police,

Vu la loi des 16-24 août 1790 et l'arrêté des Consuls du 12 messidor an VIII;

Vu la loi du 13 avril 1850 ;

Vu le Rapport de la Commission
en date du
signalant l'insalubrité de
situé à Paris, rue
au étage ;

Considérant qu'il y a lieu, dans l'intérêt de la santé publique, d'interdire l'habitation de ce local.

ARRÊTONS :

Article premier.

Il est interdit provisoirement au sieur
propriétaire de l'immeuble
situé de livrer le local susdésigné à l'habitation de jour et de nuit.

Art. 2.

Un délai de jour est imparti au dit propriétaire pour satisfaire à cette prescription.

ART. 3.

Le présent arrêté sera notifié au sieur
domicilié à
rue n° par les soins de
M.

Ampliation en sera adressée à M. le commissaire de police du quartier de qui tiendra la main à son exécution.

Le Préfet de Police.

SALUBRITÉ DES VOIES PRIVÉES

On sait que la Préfecture de Police requiert le nettoiement, la mise en état de viabilité et l'éclairage des voies privées, au double point de vue de la salubrité publique et de la liberté de la circulation. Elle adresse aux propriétaires riverains des sommations à l'effet de faire exécuter les travaux reconnus nécessaires, et, s'il n'a pas été satisfait dans le délai prescrit, elle transmet au tribunal de simple police les procès-verbaux d'inexécution. Après le jugement, il est procédé d'office, s'il y a lieu, à l'exécution des travaux, sauf recouvrement des frais contre les propriétaires.

Depuis le 1er août dernier, le Préfet a requis l'exécution des travaux de ce genre dans cent quatre-vingt-dix-sept voies privées.

Pour soixante-dix-huit de ces voies, il a été satisfait aux prescriptions administratives avant l'expiration du délai fixé. Pour trente-deux autres, des procès-verbaux d'inexécution ont été transmis au tribunal. Enfin, pour les quatre-vingt-cinq autres, les délais ne sont pas encore expirés.

Les poursuites de ce genre sont basées sur les ordonnances de police du 20 août 1811, du 23 novembre 1853 et du 25 juillet 1862.

En outre, l'Administration a fait exécuter d'office des travaux d'assainissement sur divers points, notamment dans la cité des Bluets et dans le passage Auvry.

Voici le texte de l'arrêté relatif à ce dernier passage :

Paris, le 1er décembre 1884.

NOUS, PRÉFET DE POLICE,

Considérant : que le passage Auvry, voie privée du XIXe arrondissement, est en très mauvais état de viabilité sur tout son parcours; que les ruisseaux sont également en mauvais état; que sur un grand nombre de points les eaux pluviales et ménagères séjournent et croupissent; que cet état de choses non seulement compromet gravement la santé publique, mais peut encore, dans les circonstances actuelles, donner lieu à un foyer épidémique;

Considérant que par des sommations du commissaire de police du quartier du Pont-de-Flandre, en date du 15 septembre dernier, les propriétaires riverains ont été invités à exécuter dans un délai d'un mois, conjointement ou séparément, et sans préjudice du recours des uns envers les autres, des travaux reconnus nécessaires;

Considérant que ces sommations n'ont pas été exécutées dans le délai prescrit, ainsi qu'il résulte d'un procès-verbal de constatation dressé par le commissaire de police du quartier du Pont-de-Flandre et portant la date du 18 octobre 1884;

Vu : 1° l'article 3, titre XI, de la loi des 18-24 août 1790;

2° La loi du 28 pluviose an VIII et l'arrêté des Consuls du 12 messidor an VIII;

ARRÊTONS :

ARTICLE PREMIER.

Il sera procédé d'office à la réparation de la chaussée et des ruisseaux du passage Auvry et à tous les travaux nécessaires pour assurer dans cette voie privée le régulier écoulement des eaux.

ART. 2.

Toutes les dépenses nécessitées par les dits travaux seront mises à la charge des propriétaires riverains du passage et recouvrées contre eux ultérieurement.

ART. 3.

M. Gagné, architecte de la Préfecture de Police et le commissaire de police du quartier du Pont-de-Flandre sont chargés d'assurer l'exécution du présent arrêté qui sera notifié aux propriétaires du passage.

Le Préfet de Police,
E. CAMESCASSE.

Pour copie conforme :
Le Secrétaire général,
GRAGNON.

CLOTURE DES TERRAINS

Il arrive fréquemment que des terrains dépourvus de clôture servent de dépôts d'immondices et de refuge aux malfaiteurs pendant la nuit. C'est donc aussi bien dans l'intérêt de la salubrité que dans celui de la sécurité publique que la Préfecture de Police poursuit activement l'exécution de l'ordonnance de police du 10 juillet 1871, qui prescrit la clôture des terrains vagues bordant les voies publiques ou privées.

Depuis le 1er août 1883, cent cinquante-deux propriétaires ont été invités à clore réglementairement leurs terrains. Soixante-quinze ont satisfait immédiatement aux prescriptions; vingt-huit procès-verbaux d'inexécution ont été transmis au tribunal de simple police. Les quarante-trois autres sont encore en instance. Enfin, pour quatre terrains, il a été procédé à la clôture d'office après jugement rendu par le tribunal.

SALUBRITÉ DES HABITATIONS LOUÉES EN GARNI

Le Préfet de Police s'est préoccupé tout spécialement de la salubrité des maisons et logements loués en garni.

La population la plus misérable de Paris, celle qui est le plus exposée aux atteintes d'une épidémie, demeure en effet presque exclusivement dans ces hôtels borgnes où l'accumulation des locataires n'est pas moins dangereuse que leur indifférence en matière de propreté.

Dans sa séance du 8 juin 1883, le Conseil municipal a voté le crédit nécessaire à la création d'un service d'inspecteurs chargés de veiller à la salubrité de ces logements. Ces inspecteurs, — architectes ou médecins — sont chargés d'assurer, en ce qui concerne la salubrité, l'exécution de l'ordonnance de police du 25 octobre 1883, dont nous croyons utile d'indiquer ci-après les principales dispositions :

Art. 11.

Le nombre des locataires qui pourront être reçus dans chaque chambre sera proportionnel au volume d'air qu'elle contiendra. Ce volume ne sera jamais inférieur à 14 mètres cubes par personne. La hauteur sous plafond ne devra pas être inférieure à 2m,50.

Le nombre maximum des personnes qu'il sera permis de recevoir dans chaque pièce y sera affiché d'une manière apparente.

Art. 12.

Le sol des chambres sera imperméable et disposé de façon à permettre de fréquents lavages, à moins qu'il ne soit planchéié et frotté à la cire ou peint au siccatif.

Les murs, les cloisons et les plafonds seront enduits en plâtre ; ils seront maintenus en état de propreté et, de préférence, peints à l'huile ou badigeonnés à la chaux.

Les peintures seront lessivées ou renouvelées au besoin tous les ans.

On ne pourra garnir de papier que les chambres à un ou deux lits, et ces papiers seront remplacés toutes les fois que cela sera jugé nécessaire.

Art. 13.

Les chambres devront être convenablement ventilées.

Les chambrées, c'est-à-dire les chambres qui contiennent plus de quatre locataires, devront être pourvues d'une cheminée ou de tout autre moyen d'aération permanente.

Art. 14.

Il est défendu d'admettre dans les chambrées des personnes de sexes différents.

Art. 15.

Il est interdit de louer en garni des chambres qui ne seraient pas éclairées directement ou qui ne prendraient pas air et jour sur un vestibule ou sur un corridor éclairé lui-même directement.

Les chambrées et les chambres qui contiendraient plus de deux personnes devront toujours être éclairées directement.

ART. 16.

Il est interdit de louer des caves en garni. Les sous-sols ne pourront être loués en garni qu'en vertu d'autorisations spéciales.

ART. 17.

Les cheminées et conduits de fumée doivent être établis dans de bonnes conditions au point de vue du danger d'incendie. Les conduits auront des dimensions ou des dispositions telles que la chaleur produite ne puisse être la cause d'une incommodité grave pour les habitants de la maison.

Les conduits seront, en outre, entretenus en bon état et nettoyés ou ramonés fréquemment. (Ordonnance de police du 15 septembre 1875.)

ART. 18.

Il n'y aura pas moins d'un cabinet d'aisances pour chaque fraction de vingt habitants.

ART. 19.

Ces cabinets, peints au blanc de zinc et tenus dans un état constant de propreté, seront suffisamment aérés et éclairés directement.

A défaut de réservoir ou de conduite d'eau, une désinfection journalière sera opérée au moyen d'une solution (1) dont quelques litres seront toujours laissés dans les cabinets.

Les cabinets devront être munis d'appareils à fermeture automatique. Si l'Administration le juge nécessaire, un siphon obturateur sera établi au-dessous de cette fermeture.

Le sol sera imperméable et disposé en cuvette inclinée, de manière à ramener les liquides vers le tuyau de chute et au-dessus de l'appareil automatique.

Les urinoirs, s'il en existe, seront construits en matériaux imperméables. Ils seront à effet d'eau.

Un réservoir ou une conduite d'eau en assurera le nettoyage.

ART. 20.

Les corridors, les paliers, les escaliers et les cabinets d'aisances devront être fréquemment lavés, à moins qu'ils ne soient frottés à la cire ou peints au siccatif, ainsi que cela a été prescrit pour les chambres (art. 12).

Les peintures seront de ton clair.

---

(1) Par exemple de chlorure de zinc, à raison de 50 grammes par litre d'eau.

Art. 21.

Les plombs seront munis d'une fermeture hermétique, lavés et désinfectés souvent.

Les gargouilles, caniveaux et tuyaux d'eaux pluviales et ménagères seront entretenus avec le même soin.

Art. 22.

Chaque maison louée en garni sera pourvue d'une quantité d'eau suffisante pour assurer la propreté et la salubrité de l'immeuble et pour subvenir aux besoins des locataires.

Art. 23.

Un service spécial d'inspecteurs de la salubrité des garnis est chargé de s'assurer que les conditions exigées par la présente ordonnance sont remplies. Les logeurs sont tenus de les recevoir aussi souvent qu'ils se présenteront.

Art. 24.

Toutes les fois qu'un cas de maladie contagieuse ou épidémique se sera manifesté dans un garni, la personne qui tiendra ce garni devra en faire immédiatement la déclaration au commissariat de police de son quartier ou de sa circonscription, lequel nous transmettra cette déclaration.

Un médecin délégué de l'Administration ira constater la nature de la maladie et provoquer les mesures propres à en prévenir la propagation.

Le logeur sera tenu de déférer aux injonctions qui lui seront adressées à la suite de cette visite.

Le service d'Inspection a visité, depuis le mois de juillet 1883 jusqu'au mois de juillet 1884, plus de 6,700 logements ou maisons garnis.

2,800 qui n'étaient pas conformes aux prescriptions de l'ordonnance ont dû être modifiés, et les logeurs, pour la plupart, ont obéi aux sommations des commissaires de police. 560 contraventions seulement ont été déférées au tribunal de simple police.

Depuis le 1er juillet 1884, en présence des menaces de l'épidémie cholérique, une nouvelle impulsion a été donnée au service qui nous occupe. Le nombre des maisons garnies dont la Préfecture a poursuivi et obtenu l'assainissement, du 1er juillet au 1er décembre, s'est élevé à 1,938.

Nous donnerons une idée du travail qui incombe à MM. les inspecteurs de la salubrité des garnis, en reproduisant ci-après les conclusions d'un rapport, concernant un hôtel garni de 102 chambres ou cabinets :

1° Eu égard au nombre des habitants de l'immeuble, construire un nouveau cabinet d'aisances réglementaire ;

2° Le cabinet d'aisances du bâtiment sur rue et celui du bâtiment dans la cour doivent être pourvus d'un système de fermeture automatique ;

3° Dans les trois cabinets d'aisances existant, faire le grattage des parois qui seront, ainsi que les plafonds et les portes, peints en ton clair, à l'huile, à base de blanc de zinc ;

4° Supprimer les cuvettes écopes et les remplacer par des cuvettes à soufflet munies de bondes syphoïdes, aérées directement à l'air libre ;

5° Désinfecter et laver les cabinets d'aisances et les plombs ;

6° Lessiver et restaurer la peinture des corridors, couloirs, paliers, escaliers du bâtiment sur rue et du bâtiment à droite dans la cour ;

7° Peindre en ton clair les corridors, couloirs, paliers, escaliers du bâtiment au fond de la cour ;

8° Remettre en bon état le plafond du couloir du deuxième étage dans ce même bâtiment ;

9° Blanchir le plafond de vingt-neuf chambres portant les nos... ;

10° Renouveler le papier de tenture de dix-sept chambres nos... ;

11° Lessiver et restaurer la peinture de trois chambres nos ... ;

12° Enduire en plâtre les cloisons en bois de quatre chambres nos... ;

13° Parqueter sur bitume vingt-six chambres situées au rez-de-chaussée sans caves ;

14° Interdire la location de quinze chambres nos ... situées au troisième étage du bâtiment au fond de la cour. Elles ne réalisent aucune des conditions exigées : trois seulement ont un cube suffisant; aucune n'a la hauteur de plafond;

15° Interdire la location de quatre chambres nos ... dont le cube est insuffisant et qui ne sont éclairées et aérées que d'une façon très défectueuse;

16° Interdire à la location une pièce n° ... qui n'a ni le cube de 14 mètres ni la hauteur de plafond;

17° Cinq pièces nos ... dont le cube et la hauteur sont suffisants, mais qui ne prennent jour que sur une partie de cour n'ayant qu'un mètre de largeur environ, ne seront louées qu'après qu'elles auront été suffisamment éclairées et aérées au moyen de châssis;

18° Ne recevoir dans les autres chambres que le nombre de personnes que comporte le volume d'air;

19° Tenir le garni en meilleur état de propreté, par des lavages fréquents.

MESURES PRISES A L'ÉGARD DES INDUSTRIES RÉPUTÉES INSALUBRES, DANGEREUSES OU INCOMMODES

Les établissements industriels, ceux notamment qui par la nature de leurs opérations peuvent exercer une influence sur la propagation des maladies épidémiques, ont fait l'objet d'une surveillance particulière.

Le Préfet de Police adressait à la date du 30 juin 1884 la circulaire suivante à MM. les maires des communes du ressort et à MM. les commissaires de police de Paris, pour leur rappeler qu'ils doivent veiller à la stricte exécution des arrêtés d'autorisation et des décisions concernant les industries insalubres, dresser des procès-verbaux de contravention en cas d'inexécution des conditions imposées, et empêcher qu'aucun atelier classé ne soit exploité sans autorisation.

Messieurs,

Paris, le 30 juin 1884.

Bien que l'état sanitaire de la capitale ne présente rien d'inquiétant jusqu'à ce jour, mon administration doit prendre, au point de vue de l'hygiène et de la salubrité publiques, toutes les mesures que la prudence commande dans les circonstances actuelles.

J'ai invité le service d'Inspection des établissements classés à redoubler de vigilance et, dans le but de soumettre les usines à la surveillance la plus étroite, je crois devoir vous rappeler, Messieurs, le concours que je suis en droit d'attendre de vous à cet égard.

C'est aux maires, dans les communes rurales du ressort de la Préfecture de Police, et aux commissaires de police à Paris, qu'il appartient de veiller à l'exécution des arrêtés d'autorisation et des décisions concernant les industries dangereuses, insalubres ou incommodes, — de dresser des procès-verbaux de contravention, au cas où les mesures de salubrité prescrites n'auraient pas été exécutées, — *et d'empêcher qu'aucun atelier insalubre ne soit exploité sans mon autorisation.*

Des plaintes me parviennent spécialement au sujet des émanations que répand l'amoncellement des fumiers dans les vacheries. Je vous recommande donc de vous assurer, aussi souvent que possible, que l'enlèvement des fumiers a lieu régulièrement et à une heure assez matinale pour que le voisinage n'en soit pas incommodé. Je vous prie de constater sans retard par des procès-verbaux visés pour timbre et enregistrés, toute contravention commise et de renouveler, s'il y a lieu, vos constatations, de manière que la peine d'emprisonnement puisse être appliquée, en cas de récidive, conformément aux dispositions de l'article 474 du Code pénal. Il est bien entendu que vous adopterez cette façon de procéder pour toute infraction, quelle qu'elle soit, aux règlements concernant les établissements classés, surtout si ces établissements renferment des matières insalubres (os, chiffons, déchets organiques).

Si vous jugiez utile que tel ou tel établissement industriel compris ou non parmi les ateliers dangereux ou insalubres reçut une visite exceptionnelle de l'un des inspecteurs spéciaux, je n'ai pas besoin de vous dire qu'il vous suffirait de m'en informer pour qu'elle ait lieu sans retard.

Je vous prie, Messieurs, de m'accuser réception de la présente circulaire. Je suis persuadé que, guidés par le zèle que vous apportez dans l'exercice de vos fonctions, vous mettrez à remplir les instructions qu'elle contient, l'activité et la persévérance qui peuvent contribuer à placer le département de la Seine dans les meilleures conditions hygiéniques.

Agréez, Messieurs, l'assurance de ma considération très distinguée.

Le Préfet de Police,

E. CAMESCASSE.

D'autre part, le service d'Inspection des établissements classés était invité à redoubler de vigilance et à rendre compte jour par jour des résultats de ses visites.

Les douze inspecteurs dont se compose le service placé sous la direction et le contrôle d'un inspecteur principal, fournissent chacun, en temps ordinaire, une moyenne de vingt-cinq rapports par semaine ; pendant la période de l'épidémie cholérique, soit en province, soit dans le département de la Seine, cette moyenne s'est élevée à trente.

Les inspecteurs ont surveillé tout particulièrement les établissements renfermant des os, des chiffons et des déchets organiques. Le tableau ci-après donnera un aperçu des industries notoirement insalubres qui ont été visitées, souvent à plusieurs reprises, du 1er juillet au 20 novembre 1884.

NATURE DES ÉTABLISSEMENTS VISITÉS DU 3 JUILLET AU 20 NOVEMBRE 1884	NOMBRE DES ÉTABLISSEMENTS visités.	ÉTABLISSEMENTS ayant fait l'objet DE PRESCRIPTIONS nouvelles.
Abattoirs. Échaudoirs. Clos d'équarrissage.	189	67
Boyauderies. Aplatissage de cornes. Baudruche (Fabrication de la). Baleines en cornes (Fabriques de).	25	8
Chairs débris provenant de l'abattage des animaux (Dépôts de). *Dépôts d'engrais.* Boues (Dépôts de). Superphosphates (Fabriques de). *Vidanges*	63	29
Colle forte (Fabriques de). Gélatine (Fabriques de). Noir animal.	16	9
Graisses, suifs à feu nu (Fonte à feu nu ou au bain-marie des). Huile de pieds de bœuf.	51	20
Battage de tapis en grand. Literies (Épuration de).	14	7
Cuirs verts (Dépôts de). Mégisseries et tanneries.	54	25
Buanderies. Lavoirs publics.	574	134
Infirmeries de chiens. *Porcheries. Vacheries.*	558	342
Dépôts de chiffons.	358.	200
Laiteries en grand. Dépôts de fromages . .	7	1
TOTAUX. . . .	1.909	842

Nous croyons devoir insister sur la visite générale à laquelle il a été procédé par le service compétent dans les usines où l'on traite les matières de vidange, dans les dépôts de chiffons, les buanderies, les lavoirs publics et les vacheries.

Dépotoirs et fabriques de sulfate d'ammoniaque.

Pour les dépotoirs et les fabriques de sulfate d'ammoniaque, on a constamment veillé à la stricte exécution des conditions imposées, et de celles surtout relatives à la désinfection des matières et des eaux résiduaires.

Le Préfet n'a pas hésité à prononcer la fermeture du dépotoir du Cornillon à Saint-Denis, qui ne rentrait pas dans les limites de son autorisation, et laissait écouler à ciel ouvert des matières infectes.

Il a interdit à la Compagnie Lesage d'écouler en Seine les eaux résiduaires provenant de son établissement de Billancourt, parce qu'elle ne désinfectait pas les dites eaux comme il lui était prescrit.

Il a interrompu pendant un mois la fabrication du sulfate d'ammoniaque à l'usine de Maisons-Alfort, dont les émanations atteignaient Choisy-le-Roi, et motivaient les plaintes les plus vives.

Dépôts de chiffons.

Les dépôts de chiffons, qui peuvent présenter des dangers par la nature des marchandises qu'ils reçoivent, ont préoccupé à juste titre l'Administration.

Le tableau suivant indique par quartier et par commune le nombre des dépôts de chiffons autorisés dans le département de la Seine et actuellement en cours d'exploitation.

ÉTAT numérique par quartier pour Paris et par commune pour la banlieue, des dépôts de chiffons autorisés et actuellement en cours d'exploitation.

DÉSIGNATION DU QUARTIER OU DE LA COMMUNE	NOMBRE	DÉSIGNATION DU QUARTIER OU DE LA COMMUNE	NOMBRE
PARIS		*Report. . .*	89
Arts-et-Métiers	1	PARIS	
Enfants-Rouges	1		
Saint-Merri	2	Epinettes	1
Saint-Gervais	8	Grandes-Carrières	5
Arsenal	2	Clignancourt	4
Jardin-des-Plantes	2	Goutte-d'Or	1
Sorbonne	4	La Chapelle	2
Notre-Dame-des-Champs	1	La Villette	8
Saint-Germain-des-Prés	3	Pont-de-Flandre	3
Gros-Caillou	3	Combat	7
Hôpital-Saint-Louis	1	Belleville	5
Folie-Méricourt	2	Saint-Fargeau	1
Saint-Ambroise	1	Père-Lachaise	6
Roquette	3	Charonne	6
Sainte-Marguerite	4		
Picpus	4	TOTAL. . .	138
Bercy	3		
Quinze-Vingts	2	BANLIEUE	
Salpêtrière	1		
Gare	1	Asnières	1
Maison-Blanche	6	Aubervilliers	4
Croulebarbe	1	Bagnolet	1
Montparnasse	2	Clichy	4
Plaisance	3	Lilas	2
Saint-Lambert	1	Levallois-Perret	12
Necker	3	Montreuil	3
Grenelle	4	Pré-Saint-Gervais	2
Javel	5	Puteaux	3
Auteuil	1	Saint-Denis	1
Bassins	1	Sèvres	1
Batignolles	3	Vincennes	1
A reporter. . .	89	TOTAL. . .	35

Ces cent soixante-treize établissements reçoivent pour la plupart, à la fois, des vieux chiffons, des os et des peaux de lapins, dont les émanations sont susceptibles d'aider à la diffusion des maladies contagieuses ou épidémiques, et par application du décret du 15 octobre 1810 et de l'ordonnance du 14 janvier 1815, il leur est imposé des conditions de nature à atténuer les inconvénients qui leur sont inhérents. Il leur est prescrit, notamment, de :

Paver, daller et bitumer le sol des cours et des magasins avec pente suffisante pour que les eaux s'écoulent rapidement au ruisseau de la rue et mieux souterrainement à l'égout;

Aérer suffisamment les magasins;

Placer les os dans un réduit spécial;

Faire des aspersions fréquentes avec un désinfectant quelconque tel qu'une dissolution de chlorure de chaux, de chlorure de zinc ou d'acide phénique.

Mais l'industrie du chiffonnage ne comprend pas uniquement de grands dépôts; elle a comme auxiliaires indispensables, les chiffonniers au crochet. Ces derniers, au nombre de plus de 20,000, échappent jusqu'ici à toute réglementation au point de vue des mesures de salubrité. Ils constituent dans certaines localités de nombreuses agglomérations dont les conditions d'existence sont déplorables. Ils sont logés dans des réduits obscurs et ils couchent, souvent pêle-mêle, sur les détritus de toutes sortes qu'ils ont ramassés. Ils transforment les cités qu'ils habitent en véritables foyers d'infection. Certains propriétaires de dépôts de chiffons importants sont les premiers à favoriser la formation de ces cités chiffonnières. Ils disposent aux abords de leurs magasins des chambres qu'ils louent aux chiffonniers au crochet. Ceux-ci paient le plus souvent leur location en nature, et, dans tous les cas, ainsi groupés autour d'un dépôt en gros, ils sont assurés d'écouler facilement les marchandises qu'ils ont recueillies.

Frappé de cette situation, le Conseil d'hygiène et de salubrité du département de la Seine a récemment chargé une Commission prise dans son sein et composée de MM. les docteurs Brouardel et Bourgoin et de M. de Luynes, de rechercher le moyen d'y remédier.

Lavoirs et buanderies.

Les lavoirs et buanderies devaient également, surtout au point de vue de l'écoulement des eaux, être l'objet de la préoccupation de l'Administration. Le linge qu'on y apporte peut en effet provenir de personnes atteintes de maladies contagieuses ou épidémiques.

Toutes les fois que cela est possible, l'autorisation n'est accordée pour les établissements de ce genre qu'à la condition d'envoyer les eaux souterrainement à l'égout ; mais en cas d'écoulement à ciel ouvert il est prescrit d'avoir un ruisseau dont le pavage ne laisse rien à désirer, et de diluer les eaux sales, soit dans une quantité d'eau pure suffisante, soit même d'y ajouter des désinfectants.

Malgré le réel intérêt qu'il y aurait à ne laisser opérer le transport du linge sale aux lavoirs que dans des enveloppes en toiles imperméables et hermétiquement closes, rien n'a pu être fait dans ce sens jusqu'à présent.

Nous donnons ci-après l'état par quartier des buanderies et lavoirs exploités à Paris le 15 octobre 1884, et qui ont été visités chacun une fois au moins depuis le 1er juillet 1884.

Lavoirs et Buanderies exploités régulièrement dans Paris le 15 octobre 1884.

ARRONDISSEMENTS	DÉSIGNATION des QUARTIERS	TOTAUX par QUARTIERS	TOTAUX par ARRONDISSEMENTS
Ier	Saint-Germain-l'Auxerrois	»	1
	Halles	»	
	Palais-Royal	1	
	Place-Vendôme	»	
IIe	Gaillon	»	3
	Vivienne	»	
	Mail	1	
	Bonne-Nouvelle	2	
IIIe	Arts-et-Métiers	1	11
	Enfants-Rouges	1	
	Archives	5	
	Sainte-Avoie	4	
IVe	Saint-Merri	1	6
	Saint-Gervais	2	
	Arsenal	3	
	Notre-Dame	»	
Ve	Saint-Victor	3	17
	Jardin-des-Plantes	5	
	Val-de-Grâce	5	
	Sorbonne	4	
VIe	Monnaie	»	10
	Odéon	2	
	Notre-Dame-des-Champs	8	
	Saint-Germain-des-Prés	»	
	A reporter	48	48

ARRONDISSEMENTS	DÉSIGNATION des QUARTIERS	TOTAUX par QUARTIERS	TOTAUX par ARRONDISSEMENTS
	Report . . .	48	48
VIIe	Saint-Thomas-d'Aquin	»	10
	Invalides	»	
	École-Militaire	1	
	Gros-Caillou	9	
VIIIe	Champs-Élysées	»	1
	Faubourg-du-Roule	»	
	Madeleine	»	
	Europe	1	
IXe	Saint-Georges	1	4
	Chaussée-d'Antin	»	
	Faubourg-Montmartre	»	
	Rochechouart	3	
X^e	Saint-Vincent-de-Paul	2	22
	Porte-Saint-Denis	1	
	Porte-Saint-Martin	7	
	Hôpital-Saint-Louis	12	
XIe	Folie-Méricourt	13	51
	Saint-Ambroise	10	
	Roquette	16	
	Sainte-Marguerite	12	
XIIe	Bel-Air	2	29
	Picpus	12	
	Bercy	2	
	Quinze-Vingts	13	
XIIIe	Salpêtrière	7	20
	Gare	3	
	Maison-Blanche	6	
	Croulebarbe	4	
	A reporter . . .	185	185

ARRONDISSEMENTS	DÉSIGNATION des QUARTIERS	TOTAUX par QUARTIERS	TOTAUX par ARRONDISSEMENTS
	Report. . .	185	185
XIVe	Montparnasse	4	22
	Santé	1	
	Petit-Montrouge	7	
	Plaisance	10	
XVe	Saint-Lambert	20	55
	Necker	8	
	Grenelle	17	
	Javel	10	
XVIe	Auteuil	12	27
	Muette	7	
	Porte-Dauphine	6	
	Bassins	2	
XVIIe	Ternes	6	26
	Plaine-Monceaux	5	
	Batignolles	8	
	Epinettes	7	
XVIIIe	Grandes-Carrières	12	40
	Clignancourt	13	
	Goutte-d'Or	10	
	La Chapelle	5	
XIXe	La Villette	11	31
	Pont-de-Flandre	5	
	Amérique	6	
	Combat	9	
XXe	Belleville	14	36
	Saint-Fargeau	3	
	Père-Lachaise	10	
	Charonne	9	
	TOTAL GÉNÉRAL. . .	422	422

Vacheries.

L'exploitation à Paris de certaines vacheries a donné lieu à un redoublement de plaintes, par suite des craintes que faisait naître la situation sanitaire.

Bien que ces établissements ne soient pas une cause d'insalubrité notoire, la Préfecture ne manque pas de poursuivre tout enlèvement irrégulier des fumiers, et les défectuosités constatées soit dans le lavage et la propreté des cours et des étables, soit dans l'écoulement des purins.

L'envoi souterrain des eaux et purins à l'égout est d'ailleurs une des conditions principales imposées jusqu'ici toutes les fois qu'il est possible de le faire.

TRANSPORT DE MATIÈRES INSALUBRES PAR BATEAUX

A. — Immondices. — Les transports d'immondices par bateaux sont soumis aux conditions suivantes :

L'embarquement doit se faire directement des tombereaux sur les bateaux ; — il ne doit être formé aucun dépôt sur la berge ; — toutes les précautions doivent être prises pour éviter la chute des matières sur le sol ou en rivière ; — le délai du chargement est fixé à trois jours, au plus, pour un bateau de 180 tonnes ; — il ne peut être mis en chargement qu'un seul bateau à la fois ; — les gadoues embarquées doivent être autant que possible désinfectées, par exemple au moyen de chlorure de zinc ; — les bateaux en cours de chargement doivent être recouverts de bâches pendant la nuit, et chaque fois que le travail est interrompu ; le chargement terminé, le sol doit être débarrassé avec soin de tout détritus et rendu en parfait état de propreté ; — enfin, le bateau chargé doit se rendre immédiatement à sa destination.

Du 1er janvier au 1er décembre 1884, le nombre des autorisations données pour embarquement d'immondices s'est élevé à vingt-six, savoir :

10 au port de Javel;
4 à la Villette ;
2 à Issy ;
1 au pont d'Austerlitz ;
2 au pont de Tolbiac;
6 au pont National (Ivry) ;
1 au bassin de l'Arsenal.

L'inspection de la Navigation et des Ports a surveillé étroitement ces embarquements, et elle a dressé pour infractions aux prescriptions indiquées plus haut quinze procès-verbaux.

B. — Vidanges. — Les points sur lesquels des embarquements et des débarquements de matières de vidanges sont autorisés, soit sur la Seine, soit sur les canaux de l'Ourcq, Saint-Denis et Saint-Martin, sont :

Pour le chargement : le port de l'Hôpital, le port Saint-Bernard; en amont et en aval du pont de l'Alma; au port d'Iéna; au bassin de l'Arsenal; au bassin de Pantin ; au bassin élargi de la Villette ; et à Courbevoie.

Pour le déchargement : au droit de l'usine Lesage, à Maisons-Alfort; au droit de l'usine de la même compagnie, à Billancourt; à proximité de l'usine de la compagnie des vidanges inodores, à Aubervilliers ; à proximité de l'usine Lesage, même commune; et enfin à la gare circulaire à la Villette.

La surveillance du travail est faite par l'inspection de la Navigation dans les conditions ci-après, déterminées par une décision du Préfet de Police en date du 27 juin 1884 :

Les points d'embarquement et de débarquement sont visités la nuit au moins trois fois par mois à des jours et à des heures irrégulières;

Une double visite a lieu dans la même nuit sur les points où elle est jugée nécessaire;

L'inspecteur fait exécuter en sa présence, par les ouvriers des compagnies intéressées, les prescriptions dont il constate l'inobservation ;

Et des procès-verbaux de contravention sont dressés chaque fois qu'il relève une infraction aux dispositions imposées aux compagnies.

Ces dispositions résultent de trois décisions successives :

Préfecture de Police, 19 octobre 1872. Le travail de chargement ne devra laisser aucune trace : les inspecteurs de la Navigation s'en assureront dans leurs tournées quotidiennes, de jour et de nuit ; — toutes les précautions nécessaires seront prises par les entrepreneurs pour éviter l'exhalaison des mauvaises odeurs ; — les tonneaux de vidanges n'arriveront que successivement sur les ports ; ils seront rangés de manière à ne causer aucun encombrement et ne pourront y séjourner que le temps strictement nécessaire à leur déchargement.

Préfecture de la Seine, 30 décembre 1872. Une lanterne munie de verres de couleur sera placée à chaque extrémité de tout bateau ; des lanternes semblables éclaireront les tonnes en cours de déchargement, la pompe et les tuyaux ; — un récipient d'au moins 10 litres de capacité sera placé sous chaque robinet ou raccord, afin de prévenir tout épanchement de liquide sur le sol ; — pendant l'opération du transbordement, la bonde de charge (orifice supérieur) sera munie d'un appareil siphoïde ou d'une éponge imbibée d'une dissolution saturée de sulfate de fer, afin d'empêcher toute émanation insalubre ; — on ne transbordera pas plus de deux tonnes à la fois ; les tonnes dirigées vers le lieu de transbordement se tiendront à 20 mètres de distance de ce lieu, et à 10 mètres d'éloignement l'une de l'autre ; — le transbordement s'effectuera au moyen d'engins (pompes et tuyaux) en très bon état et complètement étanches.

Préfecture de Police, 20 février 1879. Le travail du chargement doit se faire seulement de 10 heures et demie du soir à 8 heures du matin en hiver (du 1er octobre au 31 mars), et de 10 heures et demie du soir à 7 heures du matin pendant le reste de l'année.

Préfecture de la Seine, 7 mars 1882. Les compagnies sont tenues de remplacer les couvercles mobiles et non jointifs des bateaux par des trous d'hommes à fermeture hermétique ; — munir les tiges mobiles qui pénètrent à travers le pont des bateaux de presse-étoupes ou de garnitures hydrauliques ; — et prendre toutes les mesures nécessaires pour que les gaz ne puissent s'échapper que par un ou plusieurs orifices, munis chacun d'appareils désinfectants.

Pendant l'année 1884, la surveillance des transbordements de vidanges a donné lieu à seize procès-verbaux de contravention.

MESURES CONCERNANT LE TRANSPORT PAR VOITURES DES MATIÈRES INSALUBRES

L'ordonnance de police du 1er septembre 1853, concernant le transport par voitures des matières insalubres, prescrit ce qui suit (titre VI, articles 21, 22 et 23) :

« Art. 21. — Les résidus des fabriques de gaz, ceux d'amidonnerie, ceux de féculerie passés à l'état putride, ceux des boyauderies et des triperies, etc.... et, en général, toutes les matières qui pourraient compromettre la salubrité, ne pourront à l'avenir être transportées dans Paris que dans des tonneaux hermétiquement fermés et lutés.

» Toutefois les résidus de féculeries qui ne seront pas passés à l'état putride pourront être transportés dans des voitures parfaitement étanches, et les débris frais des abattoirs, des boyauderies et des triperies, dans des voitures garnies en tôle ou en zinc, étanches également, mais de plus couvertes. Pourront aussi être transportées de cette dernière manière, les matières énoncées dans le paragraphe premier du présent article, lorsqu'il sera reconnu qu'il y a impossibilité de les transporter dans des tonneaux, mais seulement alors pendant la nuit jusqu'à 8 heures du matin.

» Art. 22. — Le noir animal ayant servi à la décoloration des sirops et au raffinage des sucres, les os gras et les chiffons non lavés et humides ne pourront être transportés que dans des voitures bien closes.

» Art. 23. — Les tonneaux servant au transport des peaux en vert et des engrais secs de diverses natures devront être clos et couverts. »

On comprend combien l'exécution stricte de cette ordonnance importait à la salubrité de la rue. Aussi les ordres nécessaires ont-ils été donnés pour qu'on y tînt la main rigoureuse.

Du 13 juillet au 11 octobre 1884, trois cent cinquante-deux procès-verbaux de contravention ont été dressés pour infractions à ces dispositions.

En outre, dans la banlieue, des procès-verbaux étaient dressés contre les entrepreneurs de vidanges qui déversaient les matières soit sur les routes, soit dans les champs ou jardins. (Ordonnance de police du 1er décembre 1853.)

TRANSPORT PAR CHEMINS DE FER DES MATIÈRES INSALUBRES

Le transport par chemins de fer des produits du balayage des rues de Paris a fait l'objet d'une longue et sérieuse enquête de la part de la Préfecture de Police. Les Commissions d'hygiène du département de la Seine, le Conseil d'hygiène publique et de salubrité et le Conseil municipal lui-même, avaient appelé à différentes reprises l'attention de l'Administration sur les dangers que peuvent occasionner, au point de vue de la salubrité publique, le chargement des gadoues dans les gares de marchandises situées à l'intérieur de Paris, et le stationnement dans le voisinage des habitations, pendant un temps plus ou moins prolongé, des wagons contenant ces matières.

La question présentait une grande importance, mais sa solution comportait de sérieuses difficultés. On sait que les quantités de matières enlevées chaque jour dans les rues de Paris, aussi bien que dans les Halles, sont très considérables. Or, il est essentiel de ne pas entraver le transport à grandes distances de ces matières, dont les dépôts sont une cause d'infection pour la banlieue et même pour une partie de la ville de Paris. D'un autre côté, la valeur des gadoues est si minime que, si leur transport était soumis à des conditions onéreuses pour les expéditeurs, ceux-ci y renonceraient certainement.

Quoi qu'il en soit, la Préfecture de Police mit la question à l'étude, en vue de proposer au Ministre des Travaux publics, de prescrire certaines mesures propres, sinon à faire disparaître entièrement du moins à atténuer les inconvénients sérieux qui avaient été signalés.

Les services du contrôle des chemins de fer furent consultés. D'autre part, les ingénieurs en chef et les inspecteurs principaux de l'exploitation commerciale furent chargés de surveiller attentivement le transport de ces matières, de vérifier si les compagnies se conformaient strictement, pour ces transports, aux règlements en vigueur, et de rechercher les modifications qui pourraient être apportées à ces règlements.

Ces fonctionnaires reconnurent, tout d'abord, que l'état de choses signalé n'était pas sans présenter des inconvénients, principalement à l'époque des chaleurs, mais ils ajoutaient que les compagnies se conformaient d'ailleurs à toutes les prescriptions qui leur étaient imposées.

Le transport des matières insalubres par chemins de fer n'était alors réglementé que par les circulaires ministérielles, en date des 18 août 1858 et 15 mars 1881.

La première circulaire visait seulement l'exclusion du transport de ces matières par les trains de toute nature contenant des voyageurs. La seconde était relative à l'interdiction du stationnement dans les gares de voyageurs, de trains chargés de matières infectes. Mais elles ne contenaient aucune disposition concernant les mesures à prendre pour le chargement des wagons et pour le stationnement dans les gares de marchandises voisines des habitations.

Il parut à la Préfecture de Police que quelques modifications pourraient être apportées à ce point de vue aux anciennes instructions.

Il est incontestable, en effet, que les habitants voisins d'une gare de marchandises peuvent être incommodés au moins aussi sérieusement que les voyageurs, par les odeurs malsaines qui se dégagent soit des matières elles-mêmes, pendant leur chargement, soit des wagons qui stationnent après le chargement.

L'Administration transmit alors au service des établissements classés du département de la Seine, les rapports qui avaient été rédigés par les ingénieurs du contrôle et les inspecteurs de l'exploitation commerciale. Elle invita le chef de ce service à examiner s'il n'était pas possible, tout en respectant les nombreux intérêts engagés dans la question, de prescrire aux compagnies certaines mesures qui pourraient faire l'objet d'une réglementation nouvelle, et notamment l'interdiction du chargement des matières dans les gares situées à l'intérieur de Paris ; la désinfection, le bâchage des wagons après le chargement, etc.

M. Carlet, inspecteur principal des établissements classés, après avoir pris connaissance de toutes les pièces du dossier, se mit en rapport avec plusieurs ingénieurs attachés aux diverses lignes de chemins de fer, suivit de près tous les détails du travail, et adressa ensuite à la Préfecture de Police un rapport très détaillé sur la question.

Il faisait remarquer que c'est surtout au moment où l'on remue les matières que les odeurs se répandent avec le plus d'intensité, et qu'on ne peut malheureusement remédier à cet inconvénient pendant le chargement. Quant au stationnement des wagons chargés, ce n'était, à son avis, que pendant les chaleurs qu'il pouvait être une cause sérieuse d'incommodité pour les voisins.

L'interdiction du chargement dans les gares situées à l'intérieur de Paris ne serait possible que dans le cas où la compagnie pourrait disposer d'une gare de marchandises située à moins de 6 à 7 kilomètres des fortifications. Dans les autres cas, le transport de matières par voitures jusqu'à la gare expéditrice entraînerait des frais trop considérables qui forceraient l'expéditeur à renoncer à l'expédition.

En ce qui concerne la désinfection des matières, M. l'inspecteur principal des établissements classés la considérait comme absolument impraticable. Son efficacité serait à peu près nulle sur des matières déjà en voie de décomposition. Elle ne serait réelle que si ces agents étaient employés avant la récolte des détritus. De plus, pour obtenir un effet utile, il faudrait employer une quantité considérable de désinfectants, qui ne serait nullement en rapport avec la valeur des gadoues.

M. l'inspecteur principal terminait son rapport en proposant les prescriptions suivantes :

« 1° Toutes les fois que la Compagnie pourra disposer d'une gare de marchandises située à moins de 6 à 7 kilomètres des fortifications, l'embarquement des gadoues ne sera pas toléré dans les gares situées dans l'intérieur de Paris ;

» 2° Le chargement des gadoues devra s'effectuer directement du tombereau qui les amène dans le wagon destiné à leur transport. Le lieu de chargement sera choisi dans la partie de la gare la plus éloignée des habitations.

» 3° Les wagons chargés de gadoues seront emmenés par le premier train de marchandises qui partira pour leur destination.

» 4° Dans le cas où les wagons chargés de gadoues devront séjourner dans la gare plus de deux heures après leur chargement, on les recouvrira immédiatement de bâches pour éviter les émanations et les mouches. Ces bâches pourront être enlevées, mais seulement au moment du départ du train. »

Ces conclusions furent transmises à M. le Ministre des Travaux publics.

S'il appartenait en effet à M. le Préfet de Police de provoquer les mesures à prendre, il ne lui était pas possible d'édicter lui-même ces mesures. Aux termes d'un arrêté ministériel en date du 15 avril 1850, « le contrôle et la surveillance des chemins de fer sont exercés directement par le Ministre des Travaux publics pour tout ce qui concerne le service de l'exploitation, les mesures générales de police, de sûreté et d'intérêt public, etc. »

C'était donc à M. le Ministre des Travaux publics qu'il appartenait de décider s'il y avait lieu de rendre obligatoire les prescriptions indiquées par le service des établissements classés.

Suivant l'avis du Comité consultatif des chemins de fer, M. le Ministre prit le 14 janvier 1884 l'arrêté reproduit ci-après :

ARRÊTÉ.

Le Ministre des Travaux publics,

Vu les réclamations de diverses municipalités, et notamment de celles de Pontoise, de Maisons-sur-Seine, de Boissy-l'Aillerie, de Corbeil et de Mennecy ;

Vu les demandes ou observations des Compagnies de chemins de fer ;

Vu les observations du Conseil d'hygiène du département de la Seine et celles du Préfet de Police ;

Vu les rapports des différents services de contrôle ;

Vu les dépêches ministérielles qui ont statué provisoirement sur plusieurs des demandes ou réclamations précitées ;

Vu l'avis du Comité consultatif des chemins de fer ;

Sur le rapport du Conseiller d'État, Directeur des chemins de fer,

Arrête :

Article premier.

Gadoues vertes. — Les gadoues vertes devront être chargées directement de voiture à wagon dans un délai *d'une heure*, à partir de l'entrée en gare, par les soins de l'expéditeur, ou à défaut, *à ses frais*, par les agents de la compagnie.

ART. 2.

Les wagons devront être déchargés à l'arrivée et les matières enlevées de la gare dans un délai de *six heures* (nuit non comprise), à partir de leur arrivée, par les soins du destinataire, ou à défaut, *à ses frais* et d'urgence, par la compagnie.

ART. 3.

Gadoues noires. — Les gadoues noires ne seront acceptées que dans des cadres, ou tout autre dispositif analogue, permettant le transbordement direct de voiture à wagon, et inversement, sans remuer en aucune façon les matières à l'air libre : le chargement devra en être terminé dans le délai *d'une heure*, à partir de l'entrée en gare, par les soins de l'expéditeur, ou à défaut, *à ses frais* et d'urgence, par la compagnie.

ART. 4.

Le déchargement et l'enlèvement des cadres dans la gare d'arrivée devront être effectués dans un délai de *trois heures* (nuit non comprise), à partir de leur arrivée, par les soins du destinataire, ou, à défaut, *à ses frais* et d'urgence, par la compagnie.

ART. 5.

Lorsque les gadoues noires seront apportées dans des tonneaux ou caisses hermétiquement fermés, le délai ci-dessus désigné sera porté à *six heures* (nuit non comprise).

ART. 6.

Résidus de fonte des suifs, boyaux verts et autres résidus de boucherie et d'équarrissage, gadoues provenant des fosses d'aisances et cuirs verts. — Les résidus de fonte des suifs, les boyaux verts, les autres résidus de boucherie ou d'équarrissage et les gadoues provenant des fosses d'aisances ne seront reçus pour l'expédition que dans des tonneaux ou caisses hermétiquement fermés et complètement étanches.

ART. 7.

Ces matières ne seront acceptées qu'avec l'ordre exprès donné par l'expéditeur de faire, à l'arrivée, le camionnage au domicile du destinataire, lorsque la gare sera pourvue d'un service de camionnage.

Dans le cas contraire, elles ne seront acceptées qu'avec une déclaration du destinataire remise au point d'expédition, spécifiant que l'enlèvement de la marchandise sera effectué par ses soins dans le délai de *six heures* (nuit non comprise), à partir du moment où ce destinataire aura été avisé par le télégraphe, la poste ou un exprès.

ART. 8.

Les dispositions de l'article précédent sont également applicables en entier aux transports des *cuirs verts*.

ART. 9.

Dispositions générales. — Si la gare d'arrivée ne possède pas de service de camionnage, les wagons chargés devront être remisés immédiatement après l'expiration des délais, aux frais et à la disposition du destinataire, sur une voie de garage aussi rapprochée que possible, mais distante de *1 kilomètre* au moins de tout centre d'habitations.

ART. 10.

Les wagons chargés des matières désignées dans les articles qui précèdent ne devront jamais être différés en route par les compagnies de chemins de fer.

ART. 11.

Ces compagnies devront désigner à l'avance et faire connaître au public les trains et les itinéraires suivis, au départ des gares de Paris et des grandes villes, donnant lieu au transport de *gadoues pour engrais*, afin que les expéditeurs puissent apporter leurs marchandises au moment voulu pour le chargement, et prévenir à l'avance les destinataires en vue de l'enlèvement, à l'arrivée, dans les délais respectivement assignés.

ART. 12.

Tous les frais supplémentaires de manutention, remisage, stationnement des wagons, etc., imposés par la négligence des expéditeurs ou destinataires qui ne rempliront pas leurs obligations dans les délais respectivement prescrits, seront exigibles à partir de l'expiration de ces délais.

Art. 13.

Le présent arrêté sera notifié aux compagnies de chemins de fer.

Il sera publié et affiché.

Les préfets, les fonctionnaires et les agents du contrôle sont chargés d'en surveiller l'exécution.

Paris, le 14 janvier 1884.

D. RAYNAL.

Comme on le voit, les prescriptions de cet arrêté ministériel constituaient un progrès réel en comparaison de l'ancien état de choses. Elles ne devaient pas tarder, toutefois, à provoquer de nouvelles réclamations. Dans ses conclusions, M. l'inspecteur principal des établissements classés avait demandé que les wagons chargés de gadoues fussent emmenés par le premier train de marchandises partant pour leur destination. Mais cette prescription n'avait pas été insérée dans l'arrêté ministériel du 14 janvier 1884.

Cet arrêté fixait, il est vrai, des délais pour le chargement des wagons dans les gares expéditrices, pour l'enlèvement des matières aux gares destinataires; mais il ne limitait point le délai de stationnement des wagons chargés dans les gares expéditrices. Il en résulta que des compagnies de chemins de fer, se conformant cependant strictement aux conditions de l'arrêté précité, laissèrent stationner dans les gares, à l'intérieur de Paris, des wagons chargés de matières infectes pendant dix-huit à vingt heures. Ces faits provoquèrent des plaintes nombreuses, et notamment celles de la Commission d'hygiène du XIIe arrondissement en ce qui concerne la gare de Reuilly.

Ces plaintes furent soumises à M. l'ingénieur en chef du contrôle des chemins de fer de l'Est qui les jugea fondées, mais qui dut reconnaître également que la compagnie, en l'absence de toute disposition réglementaire, se trouvait strictement dans son droit. M. l'ingénieur en chef proposait, en conséquence, de réduire la durée de stationnement des gadoues dans les gares de départ, et de désinfecter, à l'arrivée, le matériel ayant servi au transport de ces matières.

Le 23 juin 1884, le Préfet de Police demanda à M. le Ministre des Travaux publics de compléter dans ce sens son arrêté du 14 janvier.

Le Ministre des Travaux publics, à la date du 2 juillet 1884, adressait aux administrateurs des compagnies de chemins de fer une circulaire dans laquelle il appelait leur attention sur les inconvénients que présente le stationnement prolongé, dans les gares expéditrices, des wagons chargés de matières infectes.

« A raison des circonstances actuelles, disait-il, et de la saison dans laquelle nous nous trouvons, il est de toute nécessité que ces matières séjournent le moins longtemps possible dans la gare de départ, et que les wagons qui ont servi à les transporter soient désinfectés à l'arrivée, aussitôt après le déchargement.

» Je vous invite donc, Messieurs, à prendre *d'urgence* des dispositions pour assurer dans les conditions que je viens d'indiquer, le transport des gadoues et de toutes les autres matières putrescibles. »

M. le Ministre invitait en même temps les ingénieurs du contrôle à surveiller la stricte exécution des instructions contenues dans cette circulaire.

Depuis cette époque, la Préfecture de Police n'a cessé de tenir la main à l'exécution des prescriptions ministérielles, à l'initiative desquelles elle avait pris, comme on le voit, la plus grande part.

C'est ainsi que le 9 août dernier, M. le docteur Pouchet, inspecteur des établissements classés, lui ayant signalé le stationnement prolongé sur les voies de garage de la ligne de Paris à Sceaux, de wagons chargés de détritus, la compagnie d'Orléans fut immédiatement invitée à transporter hors de Paris, avant 4 heures du soir, les fumiers et les gadoues vertes reçus pendant la journée à la gare de Montrouge. La compagnie, du reste, s'empressa de se conformer à cette observation.

PRÉFECTURE DE POLICE

2e DIVISION

ÉPIDÉMIE CHOLÉRIQUE (4-30 NOVEMBRE 1884)

Répartition des décès par Quartiers.

— — Mortalité cholérique par 10,000 habitants
——— Nombre d'habitants à l'hectare
——— Locataires en garni par 1,000 habitants

N. B. — Le tracé du rapport entre le nombre des locataires en garni et le nombre total des habitants a été fait d'après le travail de M. l'Ingénieur en chef Durand-Claye, sur l'épidémie typhoïdique de 1882.

Échelle { Mortalité cholérique : $0^m,01$ = 1 décès par 10,000 habitants. Locataires en garni : $0^m,01$ = 100 locataires par 1,000 habitants. Densité de la population : $0^m,01$ = 100 habitants par hectare.

N. B. — Il n'a pas été tenu compte dans ce tableau des décès constatés dans l'hospice de l'avenue de Breteuil (Quartier de l'École-Militaire).

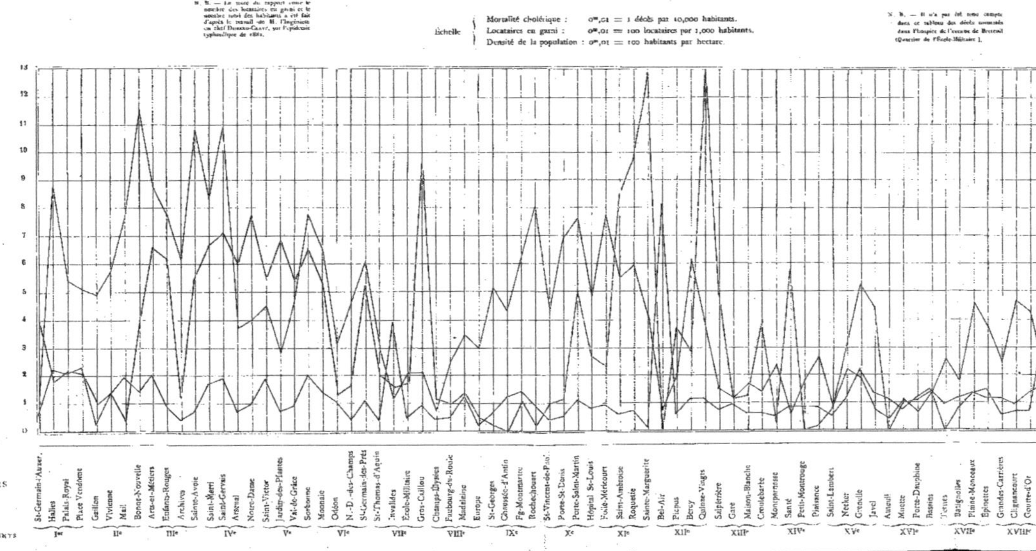

RÉPARTITION DES DÉCÈS PAR ARRONDISSEMENTS

Locataires en garni par 1,000 habitants ————

Mortalité cholérique par 10,000 habitants (4-30 novembre 1884)........
Nombre d'habitants à l'hectare ————

Échelle { Densité de la population : 0m,01 = 100 habitants par hectare.
Locataires en garni : 0m,01 = 100 locataires par 1 000 habitants.
Mortalité cholérique : 0m,01 = 1 décès par 10,000 habitants.

N. B. — Il n'a pas été tenu compte, dans ce tableau, des décès constatés dans l'hospice de l'avenue de Breteuil, 7e arrondissement.

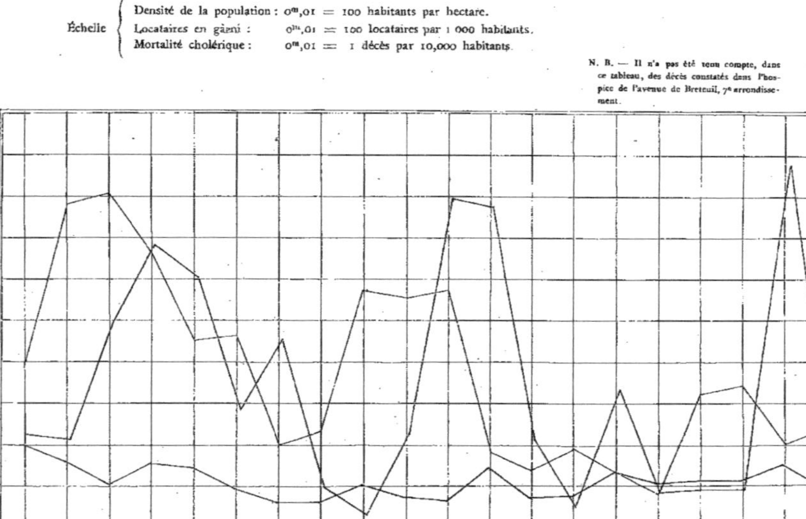

PRÉFECTURE DE POLICE

TABLE DES MATIÈRES

PARIS. — IMPRIMERIE CHAIX (SUCC. B), RUE DE LA SAINTE-CHAPELLE, 5. — 605-5.

PARIS. — IMP. CHAIX (SUCC. B), RUE DE LA SAINTE-CHAPELLE, 5. — 603-5.

www.ingramcontent.com/pod-product-compliance
Ingram Content Group UK Ltd.
Pitfield, Milton Keynes, MK11 3LW, UK
UKHW012042240726
13965UKWH00003B/991